O PODER DO RITUAL

CASPER TER KUILE

O PODER DO RITUAL

Aprenda a dar significado às atividades do dia a dia

Tradução
Nina Lua

1ª edição

Rio de Janeiro | 2023

Título original
The Power of Ritual:
Turning Everyday Activities
into Soulful Practices

Tradução
Nina Lua

Design de capa
Renata Vidal

CIP-BRASIL. CATALOGAÇÃO NA PUBLICAÇÃO
SINDICATO NACIONAL DOS EDITORES DE LIVROS, RJ

Casper Ter Kuile
  O poder do ritual : aprenda a dar significado às atividades do
dia a dia / Casper ter Kuile ; tradução Nina Lua. - 1. ed. -
Rio de Janeiro : BestSeller, 2023.

  Tradução de: The power of ritual : turning everyday activities
into soulful practices
  ISBN 978-65-5712-258-7

  1. Ritual. 2. Espiritualidade. 3. Conduta. 4. Vida espiritual.
I. Lua, Nina. II. Título.

23-82301
CDD: 204
CDU: 2-584

Meri Gleice Rodrigues de Souza - Bibliotecária - CRB-7/6439

Texto revisado segundo o novo Acordo Ortográfico da Língua Portuguesa.

The Power of Ritual. Copyright © 2020 by Casper ter Kuile.
All rights reserved.

Copyright da tradução © 2023 by Editora Best Seller Ltda.

Todos os direitos reservados. Proibida a reprodução,
no todo ou em parte, sem autorização prévia por escrito da editora,
sejam quais forem os meios empregados.

Direitos exclusivos de publicação em língua portuguesa para o Brasil
adquiridos pela
Editora Best Seller Ltda.
Rua Argentina, 171, parte, São Cristóvão
Rio de Janeiro, RJ — 20921-380
que se reserva a propriedade literária desta tradução.

Impresso no Brasil

ISBN 978-65-5712-258-7

Seja um leitor preferencial Record.
Cadastre-se e receba informações sobre nossos
lançamentos e nossas promoções

Atendimento e venda direta ao leitor:
sac@record.com.br

Para meu pai,
que me ensinou quando seguir as regras,
e minha mãe,
que me ensinou quando mudá-las.

SUMÁRIO

Prefácio, por Dacher Keltner   9

Introdução: A mudança de paradigma   14

1. Conexão com o eu interior   43

2. Conexão com os outros   89

3. Conexão com a natureza   120

4. Conexão com a transcendência   155

5. Já conectados   187

Agradecimentos   203

PREFÁCIO

Vivemos em uma era de fragmentação. Estudiosos estão investigando como nossas comunidades — famílias, igrejas, bairros, equipes de trabalho e companheiros em hobbies — estão se transformando. Antes estáveis e duradouras, agora, por causa da economia e de forças sociais, elas estão repletas de pessoas cujo compromisso com o emprego, os locais, as amizades e o casamento é mais fugaz.

Por razões profundas e históricas, nosso senso de identidade é hoje mais fragmentado, e isso tem o lado bom e o lado ruim. Temos identidades espirituais, de gênero e étnicas mais complexas e ricas que no passado. Vivemos em um mundo globalizado.

Há muito que se elogiar nesta era de fragmentação: o aumento dos direitos e das liberdades, o número crescente de mulheres em posições de poder, a democratização das formas de arte e informação e o afastamento vagaroso, apesar de cada vez mais acelerado, da LGBTfobia, do sexismo e do racismo que definiram nossa história recente de colonização.

No entanto, também há muito com que se preocupar. As pessoas sentem falta de estabelecer vínculos dentro de uma comunidade. Estudos revelam que o cidadão comum estadunidense, e provavelmente do mundo, está mais solitário que nunca. Temos menos amigos. Gastamos tempo demais presos no trânsito ou navegando sem rumo e sem propósito na internet. Confiamos menos nas pessoas e trabalhamos muito mais do que antes. As tecnologias que a maioria de nós recebeu com tanto entusiasmo uma década atrás agora se revelam diferentes do utópico e novo mundo digital de conexão e compartilhamento, estando mais próximas de um tipo diferente de mundo novo marcado pela ansiedade, solidão, comparações intermináveis com outras pessoas e, talvez, por uma vigilância. Nossa era de fragmentação abriu caminho para uma era de ansiedade.

E essa fragmentação traz prejuízos evidentes para a mente e o corpo. Como professor de psicologia, ensino a ciência da felicidade na Universidade da Califórnia, em Berkeley, e também para centenas de milhares de pessoas em cursos on-line, em conteúdos digitais e em meu podcast, *The Science of Happiness* [A ciência da felicidade, em tradução livre]. Ao longo desses vinte anos dedicados a essa missão, as pessoas sempre me fazem uma pergunta crucial: como encontrar um tipo de felicidade mais intensa e maior?

A ciência aponta para uma resposta genérica: busque por um senso maior de comunidade. Aprofunde suas conexões com os outros. Cerque-se de pessoas de maneiras significativas. Encontre rituais para organizar sua vida. Segundo sugerem os estudos, isso impulsionará sua felicidade, lhe dará mais alegria e poderá até acrescentar dez anos à sua expectativa de vida. Conexões profundas e uma noção de comunidade reduzem os níveis de cortisol relacionado ao estresse; ativam circuitos de recompensa e segurança no cérebro; estimulam uma região do sistema nervoso chamada

PREFÁCIO

nervo vago, que desacelera nosso sistema cardiovascular e nos torna mais acessíveis, mais abertos para os outros; e levam à liberação de oxitocina, uma substância neuroquímica que promove cooperação, confiança e generosidade. Tenho sido, porém, bastante pressionado a apontar maneiras profundas, práticas e de princípios de formar conexões, uma comunidade e senso de ritual.

Agora eu posso. No elucidador livro *O poder do ritual: Aprenda a dar significado às atividades do dia a dia*, de Casper ter Kuile, encontramos um mapa que conduz a um significado maior na vida por meio da comunidade. O primeiro passo é por meio da criação de rituais seculares diários. Para mim, rituais são formas padronizadas e repetidas de representarmos as emoções morais — de compaixão, gratidão, admiração, alegria, empatia, êxtase — que foram moldadas por nossa evolução hominídea e incutidas na estrutura de nossa cultura através da evolução cultural. Aprendi isso com Casper em 2018. Ele me convidou para uma experiência ritualizada em Saint-Germain-des-Prés, minha catedral favorita em Paris. Antes de entrar no interior iluminado, demos a volta na construção, no sentido horário, captando a onda de sons e imagens que o caminhar meditativo traz. Em seguida, oferecemos esmolas a um homem que implorava na entrada, sentindo a empatia profunda da caridade. Antes de nos sentar em um banco, ajoelhamos, fizemos um pedido e refletimos em silêncio — uma oração — sobre alguém de quem gostamos. Admiramos os vitrais, seus padrões e suas cores, tão semelhantes aos padrões e à beleza da natureza — as nervuras das folhas, as cores das árvores, os reflexos em lagos. Nossa atenção se voltou para a capela-mor da catedral, como se estivéssemos olhando para as nuvens no céu. Fizemos o sinal da cruz em silêncio. Embora eu não seja religioso, essas simples ações ritualísticas — assim como as que preenchem este livro — me trouxeram sentimentos de calma, reverência e até graça.

Rituais criam padrões relacionados às maiores habilidades que acredito nos terem sido dadas no processo de evolução e incrementadas em nossa evolução cultural: a capacidade de compartilhar, cantar, entoar, reverenciar, encontrar beleza, dançar, imaginar, refletir em silêncio e sentir algo além do que podemos ver. O livro de Casper aponta para princípios de ordem superior por meio dos quais é possível criar mais rituais em nossa vida fragmentada: ler textos sagrados (em junho de 2019 reli a "Canção de mim mesmo", de Walt Whitman, um texto sagrado em minha família, e mais uma vez me emocionei); guardar dias de descanso, sem trabalho, tecnologia, vida social e sem nossa agenda frenética e frequentemente sobrecarregada; encontrar oportunidades para o que se poderia chamar de oração — formas silenciosas e atentas de refletir sobre o amor, a gratidão e a contrição; comer na companhia de outras pessoas; buscar a natureza, essa fonte universal de transcender o eu, que tantas vezes, como observou Emerson, conserta "as calamidades da vida". No espírito de nossa vida fragmentada, Casper nos incentiva, por meio de sua visão ampla e sintética da vida espiritual, a tecer, juntos, uma trama de rituais que traga significado e senso de comunidade para nós.

Casper oferece também o que talvez seja uma perspectiva mais desafiadora: despertar para a prática de rituais e para uma noção de comunidade que já estamos criando instintivamente em nossa vida social. Os cientistas já comprovaram que temos uma necessidade biológica de pertencer a algo; sem uma comunidade, como estar em uma cela solitária, enlouquecemos. Buscamos e criamos rituais com avidez e força. Durante vinte anos, joguei basquete até esgotar a cartilagem dos joelhos. Jogava em todo lugar que passava, de Santa Monica, na Califórnia, passando por Brockton, em Massachusetts,

PREFÁCIO

até cidades francesas. Jogava com qualquer um. Não era um jogador muito bom. E, quando precisei me aposentar das quadras, não senti tanta falta dos pontos marcados ou das vitórias conquistadas quanto senti dos rituais que unem as pessoas no basquete amador: cumprimentos de comemoração, formas de protesto e arrependimento, celebração e dança, padrões ritualizados de cinco pessoas se movendo juntas em uma quadra. Era sublime.

Este brilhante livro de Casper nos desafia a enxergar e sentir os rituais que já fazem parte de nossa vida, a passar a ter uma mentalidade comunitária. É provável que isso já aconteça em sua aula de spinning, em escaladas, em shows, quando você faz compras no supermercado ou janta com sua família, nos padrões de brincadeiras, conversas, comemorações e consolações durante jogos de futebol da liga infantil — e talvez até na maneira como você usa seu celular, nos melhores momentos, para compartilhar fotos, receitas, frases, piadas, GIFs, memes e notícias. Depois de ler *O poder do ritual*, passei a ver quanto de ritual já existia na minha rotina. E me senti animado.

Forças sociais, econômicas e arquitetônicas, como a ascensão das moradias unifamiliares, fizeram do presente uma era de fragmentação. Existem muitas críticas a serem feitas a respeito disso, e sentimos as dores do isolamento e da solidão. No entanto, em meio a essa fragmentação, há também muita liberdade e promessa — de se criar um senso de comunidade e rituais mais ricos e complexos, que honrem e celebrem a diversidade que compõe nossa espécie. *O poder do ritual* nos direciona a essa promessa.

Dacher Keltner
Professor de psicologia, UC Berkeley
Diretor do corpo docente do Greater Good Science Center

INTRODUÇÃO

A mudança de paradigma

Quando adolescente, eu estava convencido: *Mens@gem para você* era o melhor filme de todos os tempos.

Kathleen Kelly e Joe Fox, interpretados por Meg Ryan e Tom Hanks, se conhecem pela internet nos primórdios das salas de bate-papo da AOL. (Estamos em 1998 — pense em "The Boy Is Mine", de Brandy e Monica, e no escândalo sexual de Bill Clinton.) Tudo o que eles sabem um sobre o outro é que amam livros e a cidade de Nova York — nada mais. Nem mesmo o nome verdadeiro de cada um. E, por meio da troca de e-mails, eles se apaixonam. São sinceros a respeito de seus medos, suas esperanças e dores secretas. Dividem um com o outro tudo o que não contam nem para os próprios parceiros. Esta é a melhor parte do anonimato digital: sentir-se ao mesmo tempo intimamente conectado e completamente seguro.

E conectado e seguro eram duas coisas que eu não me sentia de forma alguma.

A MUDANÇA DE PARADIGMA

Eu era um garoto gay morando em um colégio interno inglês com cinquenta adolescentes cheios de testosterona. Não me encaixava. Uma passada de olhos pelo meu quarto — eu o dividia com três outros meninos — revelava tudo o que você precisaria saber. Se entrasse lá e virasse para a direita, veria pôsteres de modelos seminuas e carros de corrida. Se virasse para a esquerda, veria fotos dos membros da banda Slipknot usando suas máscaras de horror. Então, do meu lado, encontraria uma coleção completa de livros de Agatha Christie e canetas em gel de glitter.

Não preciso nem dizer que eu não era o primeiro a ser escolhido para o time de rúgbi. Ou de futebol. Ou de qualquer coisa, na verdade. (Entrei para uma turma de aeróbica, quebrando barreiras para todos os futuros adolescentes *queer* da escola, espero, mas essa é outra história.)

Eu me sentia solitário o tempo todo. Saía para caminhar e fingia que era um cabeleireiro, me perguntando em voz alta sobre as viagens que estava planejando. Tentei cair nas graças dos garotos mais velhos preparando sanduíches de torradas com Nutella, como um babuíno tentando demonstrar submissão na savana — "Por favor, não me machuquem. Eu vou trazer comida para vocês!"

Então, você pode imaginar por que um filme sobre amor, conexão e felicidade significava tanto para mim. E é importante dizer que (atenção: spoilers) os dois personagens de *Mens@gem para você* não se encontram de fato até a cena final — a de que menos gosto. O filme é mais sobre a *promessa* de amor e conexão que sobre a experiência real. Eu ansiava por aquele tipo de conexão. E uma pequena parte de mim confiava o suficiente no Universo para saber que talvez, um dia, de preferência na glamorosa Manhattan, eu encontraria minha versão de um amante dos livros multimilionário que tinha um cachorro chamado Brinkley.

Revi *Mens@gem para você* diversas vezes. Agora, porém, ele representa muito mais que um filme para mim, porque dei mais significado a ele. Tenho rituais bem específicos para quando e como assistir (sempre sozinho, sempre com um pote de sorvete Häagen-Dazs de baunilha com pralinas e caramelo). Não é um filme do tipo "Ah, o que vamos ver?", e sim "Estou me sentindo perdido e sozinho e preciso de tudo que tenho para sair deste buraco". Algumas falas estão inscritas em meu coração, como mantras. Personagens são totens de como quero ou não ser no mundo. Embora seja apenas mais uma comédia romântica para outras pessoas, o filme *Mens@gem para você* é sagrado para mim.

Essa é a essência deste livro: pegar coisas que fazemos todo dia e acrescentar camadas de significado e aspectos ritualísticos a elas, mesmo que sejam experiências tão comuns quanto ler ou comer, ao encará-las como práticas espirituais. Após mais de cinco anos de pesquisas e milhares de conversas com pessoas de todo o país, estou convencido de que estamos em meio a uma mudança de paradigma. Que aquilo que nos unia enquanto comunidade não funciona mais. Que as ofertas espirituais de outrora não nos ajudam mais a triunfar. E que, assim como astrônomos do século XVI precisaram reimaginar o espaço sideral ao posicionar o Sol no centro do sistema solar, temos que repensar de modo fundamental o que significa o sagrado. Mudanças de paradigma como esta acontecem por dois motivos. Em primeiro lugar, porque há novas evidências que refutam crenças antigas — pense em como *A origem das espécies*, de Charles Darwin, transformou nosso entendimento da biologia evolutiva e da precisão histórica da Bíblia, por exemplo.

A MUDANÇA DE PARADIGMA

Em segundo, porque teorias antigas se provam irrelevantes diante das novas perguntas que começam a ser feitas. E é isso que está ocorrendo hoje. Nesta era de rápidas transformações religiosas e relacionais, um novo panorama de criação de significados e senso de comunidade está emergindo — e as estruturas tradicionais da espiritualidade estão acompanhando com dificuldade o caminho que nossa vida parece estar seguindo.

Escrevi este livro para ajudar você a reconhecer as práticas de conexão que já tem: os hábitos e as tradições já enraizados que podem aprofundar sua experiência de significado, reflexão, refúgio e felicidade — quem sabe em uma aula de yoga, ou ao ler seus livros preferidos, observar o pôr do sol, criar alguma arte ou acender velas. Ou talvez levantando peso, fazendo trilhas, meditando ou dançando e cantando com outras pessoas. Seja o que for, começaremos afirmando que essas coisas são dignas de nossa atenção e percebendo como elas constituem uma mudança cultural mais ampla no modo como nos conectamos com o que mais importa.

Muitas vezes, tradições religiosas que deveriam nos servir fracassaram. Pior, várias delas nos excluíram de maneira contínua. Assim, precisamos encontrar um novo caminho para seguir. Aproveitando o melhor do que veio anteriormente, podemos encontrar nosso papel na história que vem sendo escrita sobre o que significa viver em conexão profunda. Mesmo sem adotar crenças religiosas específicas, as práticas que vamos explorar neste livro, sejam rituais diários ou tradições anuais, podem formar, juntas, nossa vida espiritual contemporânea. Esses dons e a sabedoria deles foram transmitidos de geração a geração. Agora é a nossa vez de interpretá-los. Aqui e agora. Você e eu.

Fico tão feliz por estarmos juntos nessa.

"O Crossfit é minha igreja"

Passei os últimos sete anos trabalhando com a ideia de que o simples fato de as pessoas estarem deixando a igreja não significa que estejam menos espiritualizadas. Como pesquisador de inovação ministerial na Harvard Divinity School, estudei a transformação do campo religioso nos Estados Unidos com minha colega Angie Thurston. Publicamos o artigo "How We Gather" [Como nos reunimos, em tradução livre],* um estudo que documenta como as pessoas estão formando comunidades repletas de significado em espaços seculares, executando na prática as funções historicamente administradas por instituições religiosas tradicionais. Esse estudo foi elogiado tanto por bispos quanto pelo ex-CEO do Twitter, pois tivemos a alegria de mapear e estabelecer conexões com os mais inovadores líderes comunitários e criadores de significado dos Estados Unidos.

Por meio de centenas de entrevistas, visitas e muita leitura, Angie e eu acompanhamos comunidades seculares que pareciam estar realizando atividades religiosas. Em todos os lugares que visitávamos e com todas as pessoas com quem conversávamos, tornou-se nosso hábito perguntar: "Então, aonde você vai para experenciar uma ideia de comunidade?"

As respostas sempre nos surpreendiam: November Project. Groupmuse. Movimento Cosecha. Tough Mudder. Acampamentos Camp Grounded. A que realmente me chocou, porém, foi o Crossfit.

As pessoas não falavam sobre isso apenas como a comunidade delas. "O Crossfit é minha igreja", diziam. Quando entrevistamos Ali Huberlie, à época estudante da Harvard Business School, ela disse: "Meu box [minha academia] de Crossfit é tudo para mim. Co-

---

* *How We Gather*, https://sacred.design/insights.

A MUDANÇA DE PARADIGMA

nheci meu namorado e alguns dos meus melhores amigos por meio do Crossfit [...]. Quando começamos a procurar um apartamento no início do ano, focamos imediatamente no bairro mais perto do nosso box — mesmo que isso alongasse o tempo que levaríamos no translado para o trabalho. Fizemos isso porque não suportaríamos abandonar nossa comunidade. No nosso box, há bebês e crianças pequenas engatinhando por toda parte, e tem sido uma experiência incrível acompanhar o crescimento dos pequenos."

"Crossfit é família, diversão, amor e comunidade. Não consigo imaginar minha vida sem as pessoas que conheci graças a ele." Na academia (ou box, como se diz no mundo do Crossfit) de Ali, as pessoas se reúnem nas noites de sexta-feira para beber, além de se encontrarem cinco ou seis vezes por semana para se exercitar juntas. Do outro lado da cidade, em um box afiliado, há um grupo de grávidas, e a academia promove uma noite de talentos na qual os membros têm a chance de tentar se aventurar no stand-up ou tocar violoncelo pela primeira vez em vinte anos.

O cofundador Greg Glassman não tinha como objetivo criar uma comunidade, mas aceitou de braços abertos o papel de um quase líder espiritual. Em uma entrevista conosco na Harvard Divinity School, ele explicou: "Sempre nos perguntavam 'Vocês são uma seita?'. E, depois de um tempo, percebi que talvez fôssemos. Esta é uma comunidade ativa, esforçada, amorosa e viva. Para um crossfiteiro, não é um insulto ser chamado de integrante de uma conotação. Disciplina, honestidade, coragem, responsabilidade — o que se aprende na academia também é um treinamento para a vida. O Crossfit torna as pessoas melhores." As falas dele às vezes têm uma conotação indiscutivelmente religiosa. "Somos os guardiões de algo", afirmou. Embora o Crossfit seja uma empresa privada, Glassman pensa em seu papel de liderança como sacerdotal, falando em "guiar um rebanho" e "cuidar de um pomar" de academias. E o rebanho responde, chamando-o de coach, ou treinador.

Talvez isso não devesse ter nos surpreendido. Afinal, o Crossfit é famoso por seu proselitismo evangélico. Ao se candidatar a abrir um box da franquia, os treinadores precisam comparecer a um seminário de dois dias e escrever um texto sobre a razão de querer fazer isso. O que a matriz busca nesses textos não é o conhecimento dos candidatos sobre o mundo dos negócios, as habilidades de treinamento ou o nível de condicionamento físico. O ingrediente-chave é se a vida da pessoa foi transformada pelo Crossfit e se o candidato quer mudar a vida de outras. Simples assim. (Compare isso a cinco anos de estudo rabínico ou três anos de seminário!) O tom evangelizador não tem a ver apenas com obter um corpo atraente — a missão é muito maior. O Crossfit é uma estratégia que salva vidas, de acordo com o coach Greg. "Trezentos e cinquenta mil estadunidenses vão morrer ano que vem por ficarem sentados no sofá. Isso é perigoso. A TV é perigosa. Agachar, não." Em especial, Glassman está em guerra contra a indústria de refrigerantes dos Estados Unidos. À medida que as taxas de diabetes continuam a subir e a Coca-Cola e a PepsiCo financiam pesquisas de saúde pública que minimizam o impacto de uma dieta com alto teor calórico, Glassman vê a indústria dos refrigerantes como a próxima fronteira do crime corporativo. De fato, o Crossfit está se tornando cada vez mais cívico. No sul da Califórnia, líderes de academias convidaram um político local para realizar comícios em suas comunidades, unindo forças para enfrentar o lobby dos refrigerantes. Em nível nacional, o Crossfit também é afiliado a uma rede de academias sem fins lucrativos que apoia pessoas em recuperação de vícios.

Ainda mais impressionante, e à semelhança de congregações religiosas, o Crossfit encontrou uma forma de honrar seus mor-

A MUDANÇA DE PARADIGMA

tos — em específico, membros que morreram na linha de frente: integrantes do serviço militar, policiais e bombeiros. E não se trata de apenas nomeá-los — a combinação de *burpees*, levantamentos e flexões que compõem um WOD (sigla para *Workout of the Day*, ou Treino do Dia), que os fiéis do Crossfit realizam ao redor do mundo, também é feita em memória deles. Rory Mckernan, antigo apresentador da TV do Crossfit, apresentou um treino chamado "o Josie" em homenagem ao delegado federal dos Estados Unidos Josie Wells, que foi assassinado enquanto tentava cumprir um mandado de prisão contra um suspeito de duplo assassinato em Baton Rouge, Louisiana. Mckernan apresenta o treino do herói em um vídeo, no qual diz: "Fale o nome dele. Entenda o que ele fez. Pense em entregar sua vida a serviço de algo maior que você mesmo e o que isso significa para aqueles que ficaram para trás. E faça isso antes de executar o treino. Prometo que vai mudar a maneira como você encara o exercício. Descanse em paz, meu amigo."

Angie e eu tivemos que prestar atenção a esse fenômeno com mais de quinze mil comunidades em todo o planeta. E, mesmo que os novatos do Crossfit costumassem ter como objetivo inicial perder peso ou ganhar músculos, o que os fazia continuar voltando era a comunidade profundamente engajada e comprometida.

O Crossfit foi o exemplo mais surpreendente e difundido de pessoas formando comunidades que ecoavam tradições religiosas, mas não era o único. Outros grupos de exercícios físicos, como a Tough Mudder, tinham características parecidas. Na Tough Mudder, uma comunidade de pessoas que se reúnem para superar um percurso complexo de obstáculos — em geral coberto de lama —, a liderança não tem medo algum de comparações religiosas. Em 2017, o fundador, Will Dean, explicou para a *Fast Company* que as corridas Tough Mudder são "a peregrinação, as grandes festividades anuais, como o Natal e a Páscoa. Contudo, temos também a academia, que se torna a igreja local, o centro comunitário. Temos nossas mídias, que são um pouco como uma oração. E há também o vestuário, que é um pouco como usar uma cruz, um véu, ou qualquer outro tipo de indumentária religiosa".

No entanto, grupos de exercícios físicos não são a única maneira como as pessoas vêm encontrando e explorando questões de pertencimento. Grupos que reúnem indivíduos em torno de brincadeiras e artes criativas também são espaços para a construção de comunidades. No Artisan's Asylum, uma oficina em Somerville, Massachusetts, formou-se uma congregação de artistas, artesãos, lanterneiros, joalheiros, criadores de robôs, comandantes de bicicletas mutantes que parecem naves espaciais, engenheiros, designers, entre outros. O espírito criativo que percorre o espaço é incorporado e refletido na generosidade dos membros em ensinar uns aos outros a manejar máquinas ou materiais pouco familiares. Uma lista ativa de e-mails ajuda os integrantes do grupo a obter peças difíceis de encontrar e auxilia novos artesãos a começar seu ofício. Uma mulher disse que queria fazer uma complexa fantasia de borboleta, que envolvia luzes piscantes, para a filha pequena usar no Halloween. Em questão de horas, o material necessário tinha sido entregue na casa dela e um artesão altamente capacitado estava a postos para guiá-la ao longo do processo. No Dia de Ação de Graças, um dos feriados mais importantes dos Estados Unidos, a comunidade inteira se reúne para uma refeição coletiva a qual chama de Dia de Ação dos Artesãos, com as criações desses membros decorando as longas mesas juntamente com pratos caseiros. O Artisan's Asylum, porém, se tornou mais que uma comunidade. É o lugar para onde as pessoas vão em busca de se tornar quem

A MUDANÇA DE PARADIGMA

querem ser. Aprender uma nova habilidade, como a soldagem, dá aos membros a confiança necessária para tentar algo novo, como improvisação ou canto. O ato de tornar-se mentor de um iniciante em um ofício molda como os integrantes se veem no mundo. E, como o espaço fica aberto 24 horas por dia e vários membros vivem uma situação de insegurança habitacional, toda a comunidade passou a advogar por abrigos públicos melhores junto à prefeitura. Os paralelos congregacionais não são difíceis de enxergar.

Após um ano e meio de entrevistas e observação participante, Angie e eu estávamos prontos para dividir em nosso artigo "How We Gather" o que tínhamos aprendido. Descobrimos que espaços seculares não apenas ofereciam às pessoas conexões similares às que instituições religiosas uma vez já foram as responsáveis por ofertar, mas também forneciam outras coisas que serviam a um propósito espiritual. As comunidades que estudamos davam aos indivíduos oportunidades de transformações individual e social, uma chance de serem criativos e evidenciarem o próprio propósito e forneciam estruturas de responsabilização e conexão comunitária.

E, por terem se tornado confiáveis e respeitados, os líderes dessas comunidades costumavam ser consultados pelos membros a respeito das grandes questões e transições da vida. Ouvimos histórias de casamentos e funerais ministrados por instrutores de yoga e professores de arte e de pessoas sendo aconselhadas sobre diagnósticos de doenças e divórcios por líderes mais especializados em educação física que em assuntos delicados do coração e do espírito. Uma instrutora de SoulCycle — exercícios realizados em bicicletas ergométricas — se lembrou de ter recebido, em uma tarde de domingo, uma mensagem de texto de uma aluna que perguntava: "Devo me separar do meu marido?" Sem qualquer treinamento formal ou preparação para lidar com esses importantes tipos de transição de vida, os líderes comunitários faziam o melhor que podiam. As comunidades se uniam em prol de membros doentes — levando comida, angariando fundos para visitas ao hospital e dando carona para consultas médicas. Cada vez mais, embora não se parecessem de forma alguma com congregações tradicionais, descobríamos como antigos padrões comunitários estavam encontrando novas expressões em um contexto contemporâneo.

Estudar essas comunidades modernas me ensinou uma coisa: estamos criando vidas cheias de significado e conexões fora de espaços religiosos tradicionais, prosseguir inventando somente pode nos levar até certo ponto. Precisamos de ajuda para enraizar e enriquecer essas práticas. E, se formos corajosos o bastante para procurar, será nas antigas tradições que encontraremos visão e criatividade incríveis que poderemos adaptar para nosso mundo moderno.

POR QUE ISSO IMPORTA

Perceber essas transformações no comportamento das comunidades não é apenas interessante. É importante. Em meio a uma crise de isolamento, em que a solidão conduz pessoas desesperadas à morte, conectar-se de verdade não é um luxo. É algo que salva vidas.

As taxas de isolamento social estão subindo vertiginosamente. Cada vez mais nós nos sentimos solitários e incapazes de nos conectar com os outros da forma como desejamos. Um artigo de 2006 na *American Sociological Review* documentou como o número médio de pessoas com as quais os estadunidenses dizem poder conversar sobre assuntos importantes caiu de 2,94 em 1985 para 2,08 em 2004. Trazendo este dado para um contexto mais concreto, cada um de

A MUDANÇA DE PARADIGMA

nós perdeu alguém que se importa conosco nos momentos em que mais precisamos — e esse número inclui parentes e cônjuges, além de amigos. Nosso tecido social está se esgarçando.

Autoridades de saúde começaram a considerar o isolamento social uma epidemia. Em 2014, quando avançou em seu processo de aprovação para se tornar o décimo nono cirurgião-geral dos Estados Unidos, o Dr. Vivek Murthy foi questionado sobre quais problemas de saúde específicos esperava combater. Em uma entrevista à *Quartz*, ele explicou que "não incluiu a solidão nessa lista porque ela não representava uma prioridade naquele momento". Contudo, viajando pelo país, Murthy conheceu várias pessoas que narravam histórias de lutas contra o vício e a violência, doenças crônicas como diabetes e transtornos mentais como ansiedade e depressão. Não importava o problema, o isolamento social agravava o quadro. "O que muitas vezes não nos contavam eram essas histórias de solidão, que levavam tempo até serem expostas. Ninguém dizia: 'Olá, meu nome é John Q, sou solitário.' Falavam 'estou lutando contra tal doença', ou 'minha família está enfrentando tal problema'. Quando eu tentava entender melhor, a solidão aparecia." A desconexão azeda o lado doce da vida e torna qualquer dificuldade quase intransponível. Na verdade, as taxas de suicídio estão no ápice dos últimos trinta anos.

Os dados não mentem. Em uma meta-análise histórica de mais de setenta estudos, a Dra. Julianne Holt-Lunstad demonstrou que o isolamento social é mais prejudicial à nossa saúde que fumar quinze cigarros por dia ou estar obeso. Em seu ensaio de 2018 na *American Psychologist*, ela conclui que "talvez não existam outras facetas que possam causar um impacto tão grande tanto na longevidade quanto na qualidade de vida — do berço ao túmulo" como a conexão social.

Embora nossa cultura muitas vezes valorize o autocuidado, precisamos desesperadamente de cuidado comunitário. Sem isso, o impacto do isolamento social se manifesta de diversas formas. É mais difícil arrumar um emprego. Abandonamos hábitos saudáveis. E, durante ondas de calor ou grandes tempestades, é mais provável que sejamos esquecidos pelos vizinhos e pereçamos.

De modo perverso, quando nos sentimos afastados uns dos outros, nosso cérebro evolui não para cultivar conexões, mas, em vez disso, tentar se autopreservar. A Dra. Brené Brown, especialista em vulnerabilidade e empatia, explica no livro *A coragem de ser você mesmo*: "Quando nos sentimos isolados, desconectados e solitários, tentamos nos proteger. Desse modo, queremos nos conectar, mas nosso cérebro tenta fazer com que a autoproteção prevaleça. Isso resulta em menos empatia, mais defensividade, mais inércia e menos descanso [...]. A solidão irrefreada promove a solidão contínua ao conservar nosso receio em relação ao que há do lado de fora." Meu marido e eu dizemos que isso é o mesmo que entrar no que chamamos de "espiral da destruição", em que uma coisa leva a outra e rapidamente parece impossível sair desse círculo vicioso.

Uma vez na espiral da destruição, nosso cérebro tenta de maneira desesperada neutralizar a perda de conexão social, mas tem dificuldade de fazer isso por conta própria. Em seu livro divisor de águas *In Over Our Heads* [Fora de controle], o Dr. Robert Kegan, psicólogo do desenvolvimento de Harvard, explica: "O fardo mental da vida moderna pode ser nada menos que a extraordinária cobrança cultural de que cada pessoa, na fase adulta, crie uma ordem de consciência interna comparável à que em geral só seria encontrada no nível da inteligência coletiva de uma comunidade." Em outras palavras, precisamos recriar a rede de apoio de uma comunidade inteira em nosso cérebro. Sozinhos. E isso vai muito além do respaldo

A MUDANÇA DE PARADIGMA

físico e até da saúde mental. "Nos sentimos desacompanhados no nível de nossa própria alma", escreve Kegan.

No entanto, apesar dos alertas terríveis que essas estatísticas nos dão, há esperança. As soluções são muito antigas e estão por toda parte. Tanto por nossa felicidade quanto por nossa saúde, podemos aprofundar as conexões que já temos com o mundo ao redor e uns com os outros. Podemos reconstruir os relacionamentos que foram se desgastando. Podemos ser o remédio uns dos outros.

Descobri que a desconexão vai além de nosso bem-estar físico e emocional. Nosso espírito também sofre. Sem relacionamentos significativos e uma noção de conexão com algo maior que nós mesmos, as ocasiões que poderiam ter mais valor na vida parecem vazias. Quando nos deparamos com grandes acontecimentos — casamentos, nascimentos, funerais —, muitas vezes não sabemos como organizá-los e dar significado a eles sem os rituais que a religião nos fornecia. Pense na história que Cheryl Strayed narra em seu livro de memórias, *Livre*, sobre como, sem uma criação religiosa, ela não sabia o que fazer quando a mãe morreu. O que aconteceria no funeral? A quem ela poderia pedir ajuda durante o luto? Gerações anteriores recorriam à igreja ou ao templo nessas ocasiões: o padre ou o rabino ministrava a cerimônia, membros da congregação organizavam a entrega de refeições para a família e cuidavam de tudo. Todos sabíamos como agir. Hoje, no entanto, ficamos da mesma forma que Strayed: sobrecarregados. Sem saber exatamente o que fazer quando diante desses acontecimentos, deixamos que passem, incapazes de vivê-los totalmente.

Mais que isso, o número de ocasiões que consideramos dignas de algum tipo de ritual é vergonhosamente baixo. Parece que, à medida que o custo e o estresse das festas de casamento subiram, a quantidade de outros rituais e comemorações diminuiu. Se não celebramos mais a primavera ou a colheita, a lua nova ou a maioridade de um jovem, é de surpreender que nossa sede humana por significado aumente no único dia *da vida* em que nos dedicamos ativamente a planejar uma experiência cerimonial?

Eis o que proponho: ao processar rituais antigos para atender a nossas necessidades atuais, podemos revigorar relacionamentos mais profundos e saciar nossa sede de significado e profundidade.

Mas por que estamos nesta situação? Precisamos entender os padrões de enfraquecimento da religião que definem nossa era e o que esse declínio significa para nossa vida.

A ascensão dos "nenhuns"

Muito já se escreveu sobre o enfraquecimento da religião e a ascensão dos chamados "nenhuns" (pessoas que marcam "Nenhuma das alternativas" quando indagadas sobre sua identidade religiosa). Há um século, os estadunidenses podiam presumir que praticamente qualquer um em seu entorno se encaixava em uma religião definida — católico, presbiteriano, judeu reformista, metodista afro-estadunidense, quacre. Hoje, muitos de nós carregamos identidades múltiplas ou não temos uma sequer. Talvez você tenha sido criado com pai hindu e mãe judia, celebrando tanto o Pessach quanto o Diwali, e agora pratique um pouco dos dois. Quem sabe seus pais ex-metodistas o tenham levado a uma escola episcopal todo domingo durante alguns anos, antes que a igreja desaparecesse aos poucos da vida familiar, ou talvez, como eu, você não tenha sido criado com alguma fé específica, mas celebrasse datas populares e tivesse uma mistura de rituais e tradições familiares. Onde quer que se encontre nesse espectro, você faz parte das areias movediças da identidade e

A MUDANÇA DE PARADIGMA

da prática religiosas. O percentual de estadunidenses que se reconhecem como ateus, agnósticos ou "nada em especial" atingiu 26%, e dados de uma pesquisa de 2019 sugerem que os "nenhuns" são hoje tão numerosos quanto evangélicos e católicos nos Estados Unidos.

Previsivelmente, a tendência é mais forte nos jovens. Entre a geração *millennial* (nascida entre 1980 e 1995), o número chega a 40%, de acordo com uma pesquisa do Pew Research Center, publicada em 2019. Dados também sugerem que cada geração é menos religiosa que a anterior. Uma pesquisa realizada em 2018 pelo Barna Group revelou que 13% da geração Z se considera ateia, mais que o dobro dos 6% do total de adultos nos Estados Unidos. A tendência rumo à desfiliação, entretanto, se mostra um fato em todos os grupos etários. Em 2014, quase um em cada cinco representantes dos *baby boomers* era "nenhum" (17%) e cerca de uma em cada quatro pessoas da geração X se enquadrava na mesma categoria (23%). Tudo isso implica em mudanças enormes na nossa infraestrutura religiosa. Por exemplo, Mark Chaves, sociólogo na Universidade Duke, estimou que mais de 3.500 igrejas fecham as portas todo ano.

Lógico que os Estados Unidos não estão sozinhos nessas tendências. Na Europa, o quadro é ainda mais impressionante. Uma pesquisa feita em 2017 pelo Centro Nacional de Pesquisas Sociais do Reino Unido revelou que 71% dos cidadãos entre 18 e 24 anos se consideram não religiosos, enquanto o percentual dos britânicos que frequentam igrejas caiu de quase 12% para 5% entre 1980 e 2015.

Novamente: isso não quer dizer que estejamos nos tornando menos espiritualizados. Os dados, porém, revelam que a *forma* como manifestamos nossa espiritualidade está mudando.

Uma boa analogia é pensar no anseio humano que leva à cultura religiosa como a relação da música com a indústria musical, que enfrentou imensas dificuldades nos últimos vinte anos, com as vendas de CDs despencando durante boa parte das décadas de 2000 e 2010. No entanto, nosso amor pela música em si permanece. Décadas após a crise ligada ao desenvolvimento da tecnologia, executivos da indústria encontraram um novo modelo de negócio: combinar assinaturas de streaming com vendas de discos de vinil, que bateram o recorde dos últimos 14 anos. Isso também está acontecendo em nossa vida espiritual: uma mistura de inovação acelerada e tradição abundante. O comparecimento às congregações caiu, mas nossa sede de comunidade e significado continua. Afiliações formais estão em queda, porém milhões de pessoas baixam aplicativos de meditação e frequentam retiros de fim de semana. Além disso, encontram lições espirituais e alegria em lugares completamente "não religiosos", como aulas de yoga, poemas de Cleo Wade e Rupi Kaur e grupos de apoio como os Alcoólicos Anônimos e a Dinner Party (uma comunidade de apoio para pessoas de 20 e 30 e poucos anos que estão vivendo o luto). Shows em estádios e karaokê substituem o canto congregacional, enquanto podcasts e baralhos de tarô ocupam o papel de sermões ou ensinamentos de sabedoria.

Em seu livro *Choosing Our Religion* [Escolhendo nossa religião], Elizabeth Drescher explica que nós, "nenhuns", encaramos nossa vida espiritual como orgânica e emergente — reagindo às pessoas à nossa volta —, em vez de estruturada em categorias dogmáticas de crença e identidade. Em outras palavras, temos menos probabilidade de nos afiliar a uma instituição que a outro indivíduo. Acreditamos que as instituições religiosas são comandadas por vieses hipócritas e gananciosos, por julgamento e abuso sexual, ignorância anticientífica e LGBTfobia. Há também quem abandone comunidades religiosas porque consideram as experiências de louvor chatas ou regradas. Para mim, o mais interessante é o

A MUDANÇA DE PARADIGMA

fato de tomarmos um cuidado especial com identidades religiosas que ameaçam "sobrescrever [nossa] autoimagem de formas que parecem comprometer nossa integridade pessoal e autenticidade", como escreve Drescher. Tudo isso nos deixa nervosos demais até para admitir que talvez tenhamos uma vida espiritual. É revelador que mais da metade das dezenas de entrevistados por Drescher tenha usado a expressão "ou sei lá" ao falar de algo espiritual na própria vida!

Então me permita dizer sem rodeios. Qualquer que seja a maneira como você expressa sua vida espiritual, ela é legítima. Não importa se você entra em contato com o sagrado na quadra de basquete ou na praia, cozinhando ou fazendo artesanato, abraçando seu cachorro ou cantando em uma multidão, durante o Yom Kippur ou em um altar — ao ler estas páginas, você nunca precisa dizer "ou sei lá", tudo bem? Pense neste livro como uma dose de autoconfiança espiritual e permissão social.

DESMEMBRANDO E RECOMBINANDO AS TRADIÇÕES

Semelhante a quase tudo na cultura contemporânea, a forma como entendemos a religião é moldada pelas mudanças tecnológicas que guiam nossa vida, em especial o avanço da internet. As instituições perderam nossa confiança, principalmente as que afirmam ter experiência e autoridade. No entanto, como Joi Ito, ex-diretor do Laboratório de Mídia do MIT, explica em seu livro em coautoria com Jeff Howe, *Whiplash*, os sistemas emergentes não estão substituindo a autoridade. Em vez disso, o que está mudando é a nossa atitude básica em relação à informação. "A internet desempenhou um papel fundamental nisso, proporcionando às massas uma maneira de não apenas serem ouvidas, mas de se engajarem no tipo de discussão, deliberação e coordenação que, até pouco tempo, era dominado pela política profissional."*

Vamos esmiuçar isso. A era da internet nos possibilitou selecionar e criar práticas individuais, além de buscar orientação tanto de nossos colegas quanto de qualquer professor ou autoridade. Existem dois conceitos-chave quanto a este assunto: desmembramento e recombinação.

O desmembramento é o processo de separar elementos de valor a partir de uma única coleção de ofertas. Pense em um jornal local. Há cinquenta anos, ele trazia classificados, anúncios pessoais, cartas ao editor, algum passatempo para você se entreter a caminho do trabalho e, óbvio, as notícias em si. Atualmente, a concorrência superou o jornal em cada uma dessas áreas, tornando-o quase obsoleto. Craigslist, Tinder, Facebook, jogos de celular e canais a cabo oferecem mais personalização, um engajamento mais intenso e uma instantaneidade perfeita. O jornal foi desmembrado e os consumidores selecionam uma mistura de serviços conforme o próprio gosto. Os veículos impressos de notícias estão tendo que encontrar um novo valor que somente eles oferecem.

O mesmo acontece em nossa vida espiritual. Cinquenta anos atrás, a maioria das pessoas nos Estados Unidos dependia de uma única comunidade religiosa para oferecer conexão, conduzir práticas espirituais, ritualizar momentos da vida, promover a cura, ligar-se à linhagem, inspirar moralidade, abrigar experiências transcendentes, marcar datas comemorativas, apoiar a família, servir aos necessitados, trabalhar pela justiça e — por meio de arte,

---

* Não me passou batida a ironia de que foi exatamente a falta de transparência de Ito que resultou na saída dele do Laboratório de Mídia em 2019.

A MUDANÇA DE PARADIGMA

música, texto e fala — contar e recontar uma história comum para unir esses pontos. Há ainda mais tempo, as instituições religiosas também proviam saúde e educação. Atualmente, todas essas ofertas se desmembraram. Parte dos serviços da saúde e da educação é fornecida pelo Estado e, para aqueles que possuem uma condição financeira suficiente, o restante é oferecido pelas várias empresas privadas. Celebrações comunais periódicas deram lugar a eventos esportivos como o Super Bowl e comemorações nacionais como o Dia da Independência e o Dia de Ação de Graças. Restou apenas um punhado de datas religiosas, sendo o Natal a principal delas. E os rituais de transição de vida? Costumamos criá-los com nossos amigos à medida que vão surgindo, se tivermos tempo e energia suficientes para isso.

Podemos ter um momento de introspecção quando fazemos uso de um aplicativo de meditação como o Headspace ou o Insight Timer, assim como viver momentos de conexão extática em um show da Beyoncé e fazer uma caminhada para encontrar calma e beleza. Estabelecemos nossas intenções nas aulas de spinning e agradecemos em nosso diário de gratidão. Expressamos nossa conexão com os ancestrais por meio dos pratos que preparamos e nos sentimos parte de algo maior comparecendo a um protesto ou à Parada do Orgulho LGBTQIAP+. As necessidades básicas de introspecção, momentos de êxtase, beleza e sensação de que fazemos parte de algo maior existem há milênios. No entanto, a forma como criamos essas experiências varia com o tempo. O erro das instituições religiosas, como o especialista em inovação Clayton Christensen poderia dizer, é terem se apaixonado por uma solução específica, em vez de sempre evoluir para atender às necessidades do momento vigente.

Enquanto isso há um número crescente de famílias cujos membros não seguem a mesma religião entre si. Antes dos anos 1960, apenas 20% dos casais eram inter-religiosos, ao passo que, na primeira década deste século, o número subiu para 45%, de acordo com a jornalista Naomi Schaefer Riley. O diretor da Harvard Divinity School, David Hempton, chama esse fenômeno de "trançar". O professor judeu Reb Zalman chama isso de "hifenização". Para o guru do marketing Bob Moesta, trata-se de "recombinação". Seja como for nomeado, e por mais que as instituições religiosas resistam, o fenômeno está acontecendo. E não apenas nos Estados Unidos.

A antropóloga Satsuki Kawano descreve como japoneses são xintoístas e budistas ao mesmo tempo há décadas, praticando elementos de ambas as tradições sem necessariamente se reconhecerem como membros de duas religiões distintas. Em seu livro *Ritual Practice in Modern Japan* [A prática do ritual no Japão Moderno], ela explica que o Estado japonês tentou separá-las, mas que, apesar desses esforços, as duas permanecem profundamente entrelaçadas. Ao longo das décadas, existiram tensões e conflitos, mas nunca houve guerra religiosa ou qualquer esforço para eliminar uma à outra. Na verdade, as tradições xintoístas e budistas interagiram, e teologias que as combinam floresceram. "Por isso", escreve ela, "a influência mútua levou a uma complexa orquestração e integração de práticas nativas e estrangeiras sem eliminar por completo as distinções entre as duas tradições." É possível optar por um santuário xintoísta para casamentos e celebrações infantis e ainda assim realizar um funeral em um templo budista, por exemplo.

No entanto, à medida que nos beneficiamos do desmembramento e da recombinação de tradições, que nos permitem maior personalização, descobrimos que temos cada vez menos similaridades uns com os outros. Ficamos isolados e ansiando por conexão.

A MUDANÇA DE PARADIGMA

Quatro níveis de conexão

Assim como eu, você talvez não tenha tido uma formação religiosa, ou pode ter sido criado com uma identidade que não se enquadra em uma definição estrita. Você talvez seja ateu, agnóstico, não praticante, espiritualizado, mas não religioso, ou talvez esteja insatisfeito com o lugar que você frequenta em busca de espiritualidade ou só não tenha certeza. Independentemente do termo que usa para se descrever, você está costurando os retalhos de sua vida espiritual e anseia por algo autêntico, mais significativo, mais profundo.

O objetivo deste livro é mostrar como você pode transformar seus hábitos diários em práticas que criam uma base sagrada para sua vida. Vou compartilhar ferramentas antigas reimaginadas para a cultura de hoje, além de contar histórias sobre indivíduos que nos indicam um caminho a ser seguido.

A conexão profunda não se resume a relacionamentos com outras pessoas; ela tem a ver também com sentir a plenitude de estar vivo. É sobre ser envolto em várias camadas de pertencimento internas, externas e entre nós. Este livro é um convite para aprofundar seus rituais de conexão em quatro níveis:

- Conexão com o eu interior.
- Conexão com os outros.
- Conexão com a natureza.
- Conexão com a transcendência.*

---

* Devo a Sarah E. Koss e Mark D. Holder a definição de espiritualidade como "um sentimento de conexão a algo maior que si próprio, vivido por meio do cultivo de um relacionamento consigo mesmo, com a comunidade, com o ambiente e com a percepção do transcendente", que, em parte, inspirou a estrutura deste livro.

Cada camada de conexão fortalece a outra. Assim, quando nos sentimos profundamente conectados nesses quatro níveis, é como se nossos dias fossem sustentados por uma rica treliça de significados. Somos capazes de ser mais gentis, de perdoar mais. Nós nos curamos. Crescemos.

E cada uma dessas camadas está enraizada em ideias ligadas às diversas tradições de sabedoria ao redor do mundo. Por milhares de anos, essas tradições mantiveram as comunidades unidas, ajudaram as pessoas a viver o luto da perda e a celebrar a alegria. Os grandes mitos do mundo nos ajudaram a extrair um sentido moral do caos e da catástrofe. Mesmo que fiquemos um pouco nervosos em nos envolver com tradições em geral, elas têm muito a nos ensinar.

Algumas coisas mudaram, é óbvio, desde que essas doutrinas antigas se estabeleceram. Não precisamos mais de mitos para explicar como o Sol nasce e se põe, de onde vêm as inundações e o que está no subsolo. Em vez disso, temos novas perguntas. Como podemos de fato encontrar descanso em um mundo acelerado ao longo de 24 horas por dia, sete dias por semana? Como podemos nos lembrar de que somos o "suficiente" em uma economia que sempre exige mais? Como desenvolver nossa coragem para enfrentar a injustiça?

No Capítulo 1, explorarei duas práticas cotidianas que ajudam a nos conectar ao nosso eu autêntico: a leitura sagrada e o sabá. O Capítulo 2 propõe comer e se exercitar em conjunto como duas ferramentas sagradas para nos conectar profundamente com os outros. O Capítulo 3 se concentra em reimaginar a peregrinação e o calendário litúrgico para que possamos nos conectar mais intimamente com o mundo natural, enquanto o Capítulo 4 explora como pode ser a conexão com o divino, por meio da ressignificação da oração e da participação em um pequeno grupo regular de apoio e responsabilização. Por fim, o Capítulo 5 é um lembrete de que

A MUDANÇA DE PARADIGMA

todos nascem para pertencer a algo. Essas práticas são apenas as ferramentas que nos ajudam a lembrar disso.

Escrevi este livro porque, embora exista uma grande oferta de orientações práticas, elas muitas vezes vêm embaladas com porções de cultura religiosa difíceis de decifrar e engolir. As instituições transformaram mistérios em dogmas. Perderam a leveza para traduzir a sabedoria atemporal em ensinamentos relevantes. É hora de libertar os dons da tradição para que todos possam ter uma vida íntegra e alegre. É permitido a cada um de nós selecionar e criar rituais que nos ajudarão a cultivar conexões, e espero que estas páginas possam ser uma companhia enquanto você percorre o próprio caminho.

Ao longo do livro, vou compartilhar minhas tentativas como um iniciante espiritual, algumas das quais espero que o ajudem de forma objetiva em sua jornada. Também espero que este livro nos ajude a ser menos isolados em nossa vida espiritual. Os sistemas de opressão dependem do fato de nos sentirmos sozinhos e envergonhados. A dádiva das práticas espirituais é que elas cultivam a coragem para arriscarmos mais um pelo outro. Nada me deixaria mais feliz que saber que grupos de leitura sagrada se tornaram centros de ativismo, que o fato de aprendermos as mesmas músicas significa que podemos cantá-las juntos pelas ruas.

Intenção, atenção e repetição

Termos e expressões como "práticas espirituais" e "rituais" evocam imagens de monges em templos na penumbra ou poses de yoga dificílimas. (E, de fato, podem significar isso!) O que quero dizer, porém, se relaciona à sabedoria que me foi passada pela ativista e pastora Kathleen McTigue, que busca por três coisas em qualquer prática ou ritual: intenção, atenção e repetição. Então, embora você possa levar o cachorro para passear várias vezes ao dia — cumprindo o componente de repetição —, não se trata de uma prática ritual se você também estiver ao telefone, porque isso significa que não está de fato prestando atenção ao cachorro ou à caminhada. É simplesmente um hábito. Ou você pode ler toda noite antes de dormir, mas não ter alguma intenção específica. Mais uma vez, isso não corresponde à nossa descrição de ritual ou prática.

Em contrapartida, passei a acreditar que quase tudo pode *se tornar* uma prática espiritual — cuidar do jardim, pintar, cantar, aconchegar-se com alguém, sentar-se. O mundo está repleto desses rituais! Basta olhar para os apertos de mão antes de um jogo de basquete do Cleveland Cavaliers. Precisamos apenas ter nossa intenção bem definida (o que estamos convidando para aquele momento?), prestar atenção (estarmos presentes naquele instante) e abrir espaço para a repetição (retornarmos sempre àquela prática). Assim, os rituais constroem as conexões invisíveis que tornam a vida cheia de significado e visível.

Se for parecido comigo, você vai experimentar muitas coisas diferentes que não trazem a sensação certa ou que acabam ficando de lado após algumas tentativas. Não há problema algum nisso. Se, depois de um tempo, encontrar uma ou duas coisas que de modo consistente começam a parecer *suas* práticas, você terá as vencedoras.

Uma nota sobre a palavra "espiritual"

É fácil evitar o "espiritual" hoje em dia. Tentamos saciar nosso anseio por conexão rolando sem parar pelo feed das redes sociais.

A MUDANÇA DE PARADIGMA   39

Meu preferido é o buraco negro do YouTube, no qual, depois de uma hora, desvio os olhos do celular sem acreditar no tempo que passou enquanto eu assistia a drag queens ou reprises de jogos de futebol.

Quando prestamos atenção, os momentos com significado real podem nos sobrecarregar. Segurar um bebê no colo pela primeira vez, ouvir uma música que nos faz chorar, mergulhar no mar e se sentir em completa harmonia com os elementos ao redor — sentir-se profundamente conectado pode ser avassalador. Esses momentos desbloqueiam lembranças, anseios, traumas e, muitas vezes, lágrimas. E, para mim, são sagrados. Espirituais. No entanto, em geral, deixamos o tempo passar, e esses instantes se vão. Os lampejos cintilantes da plenitude da vida se perdem na pilha de e-mails sem resposta e na labuta incessante do dia a dia. Esquecemos a intenção que tínhamos de viajar para o interior com mais frequência, de voltar a tocar e fazer música, de passar mais tempo com quem amamos. (Pelo menos sei que isso ocorre comigo.)

Pense em sua vida. Quando foi a última vez que se sentiu profundamente conectado a algo maior que você? Onde estava? Qual foi a sensação? E quais palavras você usaria para contar sobre essa experiência? Em geral, nos falta a linguagem para descrever o que é mais importante para nós e compartilhar com confiança esses momentos profundamente significativos. E, como a professora espiritual, estudiosa e ativista Barbara Holmes escreve, nosso isolamento ao experimentar instantes como esses privatiza ainda mais nossa interpretação deles. A neurociência também nos diz que, quando não conseguimos descrever por completo o que estamos sentindo, tendemos a encarar o próprio sentimento como ilegítimo ou indigno de nossa atenção — ou da atenção dos outros.

Continue comigo se puder, mesmo que estas palavras sejam um pouco incômodas. Imagine que você está usando sapatos de couro novos e lindos que ainda estão um pouco desconfortáveis quando você caminha. Eles só precisam de um tempo para se moldar ao formato de seus pés. Da mesma forma, em breve, você terá encontrado as palavras corretas, ou se acostumará com estas, que o ajudarão a identificar o sentimento sobre o qual estamos falando.

Esse desafio linguístico não é aleatório. Há um motivo para ser complicado. Fomos ensinados a encarar o mundo como se ele fosse dividido entre o sagrado e o profano, o religioso e o secular. Aprendemos que, de algum modo, existe uma linha que faz do prédio que abriga uma igreja algo sagrado e de um supermercado, algo secular. Essa linha vertical é uma invenção. Em vez disso, imagine uma linha horizontal entre o raso e o profundo. Ela atravessa todos os lugares e todas as pessoas. Quando conseguimos mergulhar abaixo do borrão do hábito, podemos habitar a parte de nossa experiência em que encontramos o significado mais profundo. Talvez a poesia nos leve até lá. Ou uma peça de teatro incrível. Ou alucinógenos. Ou ser envolto pelos braços de quem amamos. Ou o simples ato de observar nossos filhos correndo pelo quintal. Quando olhamos para o mundo dessa forma, qualquer lugar e qualquer momento podem ser sagrados. Tudo depende de como os encaramos. Quem pode dizer que não é possível sentir o sagrado em uma interação afetuosa no caixa? E sem dúvida há muitas congregações tão intimistas quanto uma estação de metrô.

A palavra "espiritual", então, indica algo além da linguagem. Uma conexão vulnerável. Como diz o estudioso de teologia e gênero Mark Jordan, o espiritual é um lugar de "encontro ou iluminação imprevisível que não pode ser controlado".

A MUDANÇA DE PARADIGMA

CONVITE

Este livro não vai apresentar nada de novo a você. Ler, comer, andar, falar e descansar já são hábitos seus. Você não precisará comprar um novo conjunto de ferramentas espirituais. Esta é a dádiva dessas tradições! Estou apenas lhe convidando a rever seus hábitos já estabelecidos através da lente de conexões mais profundas e com mais camadas. Atribuir propósito à xícara de chá da noite. Encontrar uma comunidade para debater livros que o movem e inspiram. Recitar um pequeno poema no chuveiro toda manhã. Seja qual for a prática, o primeiro passo será reconhecê-la como algo real e importante e, então, ir mais fundo para dar mais significado a ela.

Como somos diferentes, alguns hábitos serão mais fáceis que outros para você. Eu, por exemplo, me conecto mais com a sacralidade da vida quando estou acompanhado. Amo cantar, me divertir com jogos de tabuleiro e comer acompanhado de outras pessoas. Meu marido, Sean, por sua vez, olha para minha agenda semanal e chega a ficar empolado com a quantidade de ligações, reuniões e refeições na companhia de outros que agendei. A maneira dele se conectar é estando em contato com a natureza ou passando um tempo consigo mesmo. Eu, porém, já acho difícil encontrar tempo para estar ao ar livre. Um dos primeiros momentos em que soube que amava Sean foi quando estávamos assistindo a uma orquestra e, ao me virar no meio do concerto, vi lágrimas escorrendo do rosto dele — não de tristeza, mas porque ele foi capaz de se abrir para a beleza da música e sentir a profundidade e a intensidade ecoando na própria vida. Como eu desejo esse tipo de autenticidade e vulnerabilidade! Cada um de nós tem dons próprios, assim como os próprios caminhos pela vida e seus mistérios, então seja gentil consigo mesmo ao descobrir o que prende sua atenção e abre seu coração.

Este livro é um convite para explorar os diferentes níveis das experiências nas quais podemos mergulhar durante qualquer prática. E, à medida que fizermos isso, encontrando dificuldades pelo caminho, lembre-se de que não há coisa alguma que possa impedir seu encontro com a conexão mais profunda da vida. Nada, não importa quão poderoso seja, pode bloquear isso — depressão ou ansiedade, violência ou vício, luto ou ciúme, pobreza ou riqueza. Todos nós somos dignos e amados. Até você. Especialmente você. Nossa condição humana compartilhada indica que nos esquecemos disso o tempo todo, e é por isso que praticamos. Para nos ajudar a lembrar.

Portanto, não se preocupe se você achar alguma parte difícil. Ou tudo. Descobri que ter amigos e mentores com quem se possa falar sobre esse tipo de assunto sem se sentir constrangido torna tudo muito mais factível. Seja você uma pessoa mais desconectada das tendências, ou seja um iniciante espiritual, um Potterhead (fã de *Harry Potter*) ou um fã de comédias românticas dos anos 1990, tem tudo de que precisa para dar seu próximo — melhor — passo. Vamos começar.

CAPÍTULO 1

Conexão com o eu interior

O PRIMEIRO NÍVEL DE conexão é a experiência de estarmos conectados de forma autêntica a nós mesmos.

Cercados todos os dias por centenas de peças publicitárias e pressões das redes sociais, vivemos com vergonha do nosso corpo e com nossa atenção esgotada. Mal conseguimos ir ao banheiro ou parar em um sinal de trânsito sem verificar o celular. Tenho dificuldade até de tomar banho sem que um podcast esteja tocando no fundo!

A escritora Annie Dillard nos ensina que a forma como passamos nossos dias é um reflexo de como vivemos nossa vida. O estilo de vida atual é insustentável. Está nos fazendo mal. Ao menos um em cada seis estadunidenses adultos toma antidepressivos, ansiolíticos ou antipsicóticos, conforme revelado por um estudo publicado na *JAMA Internal Medicine* de 2016. Sem dúvida, isso está tão ligado à nossa cultura de atividade e pressão incessantes quanto às nossas necessidades médicas individuais.

Então, como podemos recuperar nosso tempo e bem-estar? De que forma podemos nos dar o espaço para refletir — profunda e honestamente — sobre como estamos? Neste capítulo, vou compartilhar com você duas práticas transformadoras para se conectar consigo mesmo: a leitura de textos sagrados e o hábito de guardar um dia — o sabá. As duas são presentes de nossos ancestrais que nos permitem incorporar rituais com significado à nossa vida moderna. Assim como o Crossfit e outras práticas seculares que saciam partes de nossa sede de buscar sentido e uma comunidade à medida que nos afastamos da religião, a leitura de textos sagrados e o sabá são coisas que você provavelmente já faz e lhe dão alegria, uma sensação de propósito, um espaço meditativo e um sentimento de conexão com seu eu verdadeiro. O essencial é encararmos esses rituais diários como parte de uma mudança maior em direção a uma nova definição de espiritualidade.

Sem dúvida, vale a pena refletir sobre a ideia de um eu único e autêntico. Na verdade, a filosofia budista nos diz que não existe um eu. A psicologia, por sua vez, afirma que existem muitos eus! O que quero dizer quando falo em conexão com nosso eu verdadeiro não tem tanto a ver com eliminar as partes que não nos agradam ou focar apenas as características que parecem mais espirituais. Na realidade, está mais relacionado a descobrir como integrar a plenitude de quem somos. O professor e ativista quacre Parker Palmer chama esse processo de reencontro da nossa alma com nossa função, porque é quando as duas se separam que boa parte de nossa perda de consciência e o sofrimento consequente aparecem.

Aprendi isso na marra. Aos 22 anos, três meses depois de me formar na universidade e começar em meu primeiro emprego em Londres, caí de um píer, quebrei as pernas e o pulso e fraturei a coluna em dois pontos. Passei semanas no hospital e três meses em uma cadeira de rodas, privado da vida que levava como minha

CONEXÃO COM O EU INTERIOR

persona de ativista ocupado e jovem profissional. (Gostava de me imaginar como a personagem de Anne Hathaway, a segunda assistente executiva, pouco depois da metade de *O diabo veste Prada*, quando ela executa as tarefas com maestria e está sempre linda.) Após a queda, no entanto, em vez de equilibrar meu tempo entre reuniões, ligações e e-mails, o maior acontecimento do meu dia passou a ser o caminho até o chuveiro, carregado escada acima por meu pai e pela minha irmã. Mais tarde, quando comecei a me movimentar mais facilmente com a cadeira de rodas, eu era forçado o tempo todo a reconhecer que os ambientes tinham sido projetados para pessoas que caminham com as duas pernas sem apoio. Qualquer pequeno degrau ou desnível na calçada representava sérios desafios às minhas incipientes habilidades de mobilidade na cadeira. Se antes eu costumava assumir o controle das situações sociais, agora dependia do cuidado dos outros.

Essas crises relacionadas à função que desempenhamos muitas vezes aparecem ao fim de uma carreira de sucesso, quando a aposentadoria nos retira de uma posição de poder e influência, quando os filhos saem de casa e não temos mais o papel facilmente identificável de responsável, ou quando nossa saúde ou nossas habilidades físicas mudam. Quem somos sem a função que nos dava propósito?

Com sorte, essas transições podem nos ajudar a nos reconectarmos com o nosso interior, com a consciência que vive por detrás do ego. A escritora Marilynne Robinson descreve assim esse processo: "A alma clássica representa mais nosso eu verdadeiro que nós mesmos, uma companheira amorosa e amada, leal unicamente a nós, confiada a nós, em quem depositamos nossa confiança. Sentimos seus anseios, suas reflexões, como uma experiência mais verdadeira e primária de nós mesmos que aquela que nossa consciência comum pode oferecer." Adoro essa ideia de lealdade total, porque capta a bondade inerente de nosso eu autêntico, a compaixão e a amizade que existem dentro de nosso mais profundo ser. Contudo, quando vivemos desconectados desse saber intrínseco, ficamos presos em ciclos de desempenho e realização, tentando atender às expectativas dos outros ou nossa percepção do que querem de nós.

A sabedoria da tradição nos ensina que existem saídas para essa confusão, que podemos exercitar a autoconsciência e ser amigos de nossa alma de forma gentil e contundente.

Nos meses de recuperação após o tombo, minha mãe convidou um amigo dela para passar lá em casa nas manhãs de quarta-feira e pintar comigo. Ao contrário de minhas irmãs, não tenho qualquer talento artístico, então hesitei, porque nada me deixa mais frustrado que fracassar em público! Meu cérebro me diz que preciso ser bom no que faço, então por que eu me humilharia tentando pintar? Durante os longos e tranquilos dias de repouso na cama, eu assistia a incontáveis episódios de *Strictly Come Dancing*, um programa de competição de dança britânico equivalente ao famoso estadunidense *So You Think You Can Dance?*. Por isso, meu professor de pintura sugeriu que eu pintasse os passos que os dançarinos faziam cada semana. Tentei retratar a valsa, o *paso doble* e a rumba, deixando as pinceladas manifestarem as frustrações de uma recuperação lenta e a esperança de poder andar e dançar novamente. Sem que eu tivesse total consciência disso, essa prática foi um refúgio. Como espaços sagrados nos quais os feridos e enfermos buscavam conforto antigamente, a mesa da cozinha se tornava um lugar de cura quando eu pegava um pincel, um local onde podia processar e desenrolar o pesado emaranhado de emoções que meu acidente tinha criado. Às vezes, precisamos nos isolar temporariamente em um momento de desligamento forçado para percebermos partes de nós mesmos que estão escondidas. O grande professor zen japonês Kōdō Sawaki descreveu sua prática de meditação como "o eu fecundando o eu". A ideia é que necessitamos de tempo e atenção para aglutinar experiências, pensamentos e identidades e sermos quem somos.

Essa experiência de descobrir de que forma uma prática supostamente secular como a pintura podia se tornar uma maneira poderosa, talvez até espiritual, de me conectar comigo mesmo me fez perceber que havia outros pequenos rituais e hábitos, insignificantes à primeira vista, que tinham o mesmo efeito. Anos após me recuperar do tombo, eu estava na Harvard Divinity School, mergulhado em nossa pesquisa para "How We Gather", quando encontrei várias dessas práticas entre nossos entrevistados, entre elas a corrida e a meditação. Houve, porém, duas que se destacaram, por serem as mais acessíveis e impactantes para a maioria das pessoas que estudamos: a leitura de textos como se fossem sagrados e o descanso sabático.

Harry Potter como um texto sagrado

O Sr. e a Sra. Dursley, da rua dos Alfeneiros, nº 4, se orgulhavam de dizer que eram perfeitamente normais, muito bem, obrigado.

Assim começa o primeiro livro da série *Harry Potter*, escrita por J. K. Rowling. É uma frase que milhões de leitores podem recitar de cor, compondo a cena com um toque de humor e sugerindo que algo muito *a*normal está prestes a acontecer.

Li os livros de *Harry Potter* com entusiasmo na adolescência. Tinha 13 anos quando fui apresentado à série pelo intercambista parisiense hospedado lá em casa, que me presenteou com um box dos livros em francês. Depois de tentar decifrar algumas páginas, percebi que seria melhor ler em inglês e fui à biblioteca. Li tudo e me apaixonei.

Talvez você tenha vivido uma experiência parecida com um livro que adorou: a sensação de se jogar naquele mundo, conhecer os personagens e os cenários intimamente — mesmo que criados por sua imaginação. Em geral, sei que estou no meio de uma dessas experiências quando leio à mesa de jantar e as páginas ficam manchadas de comida ou marcadas por meus dedos engordurados. Acredito que você conhece a sensação de desacelerar a leitura à medida que vai chegando ao fim, sem querer que o livro termine. E aí, quando nossos olhos percorrem os parágrafos finais, sentimos uma onda de perda e saudade que vai muito além de dizer adeus à história que lemos; é como se despedir de uma parte de nós mesmos.

Essa sensação nos traz uma informação importante. Sugere que o ato de ler não é algo que podemos fazer apenas para fugir do mundo, e sim uma atividade que tem o potencial de nos ajudar a viver mais intensamente *dentro* dele, que é possível ler nossos livros preferidos não somente como romances, mas também como textos de instrução e inspiracionais que podem nos ensinar sobre nós mesmos e sobre como vivemos.

Podemos tratar um livro como sagrado não porque acreditamos que as tramas contidas nele explicam de alguma forma os mistérios do Universo, mas porque também nos ajudam a ser mais gentis, a ter mais compaixão, a ser curiosos e a ter empatia. E nos oferecem um espelho em que podemos refletir sobre as motivações por trás de nossas ações diárias. Este é o poder de ler livros como uma prática sagrada: eles podem nos ajudar a definir quem somos e decidir quem podemos querer ser.

A série *Harry Potter* tem uma função especial para mim, como um texto sagrado (falarei mais sobre isso em breve), mas você pode

CONEXÃO COM O EU INTERIOR

escolher qualquer obra de ficção, poesia ou até não ficção. O que exploraremos neste capítulo é a metodologia de *como* ler um texto como sagrado. Isso vai oferecer a você inúmeras perspectivas e reflexões novas a respeito de si próprio, além de oportunidades para pensar sobre questões da vida. Pode parecer um pouco estranho, mas confie em mim. A leitura sagrada aprofundou minha consciência e cultiva a conexão em leitores há milhares de anos.

A ARTE DA LEITURA SAGRADA

Quando pensamos em textos sagrados, nos vêm à mente a Bíblia, o Corão, a Torá, o Livro de Mórmon ou o Bhagavad Gītā. Sabemos que eles estão repletos de histórias, poemas e mandamentos. Nós nos identificamos com alguns deles, mas boa parte da literatura religiosa tradicional nos deixa desconfiados. As doutrinas contidas em cada um foram utilizadas para marginalizar e difamar. São Paulo mandou as mulheres ficarem caladas na igreja. A Bíblia judaica tolera a escravidão. O Corão exige punição para o amor entre pessoas do mesmo sexo. Essa, porém, é só uma parte da história. Apesar de todos os problemas inerentes, as Escrituras são estudadas e lidas continuamente porque as pessoas acreditam que relê-las pode torná-las mais fiéis, mais justas, mais amorosas; que precisam dar atenção ao fato de que gerações seguiram esses textos ao longo de milênios; e que podem adentrar um fluxo milenar de debates entre o texto e os seres humanos. Em seu livro *To Know as We Are Known* [Entender como somos entendidos], Parker Palmer explica por que sempre retorna aos textos sagrados, apesar dos problemas que eles apresentam em relação a uma tradição espiritual na qual as pessoas buscaram e encontraram sabedoria por gerações: "Esses textos me permitem voltar a momentos de compreensões espirituais mais profundas que a minha, a relembrar verdades que minha cultura turva, a ter companheiros na jornada espiritual que, apesar de mortos há tempos, talvez estejam mais espiritualmente vivos que muitos que estão comigo hoje. Nesse estudo, meu coração e minha mente são renovados pela pressão constante que a tradição exerce contra as distorções de meu presente."

O que adoro nessa reflexão é que os textos sagrados tradicionais podem ser bastiões que confrontam suposições contemporâneas sobre quem somos e o que realmente importa. É sempre doloroso quando ouço alguém citar ensinamentos de Escrituras contra meu amor gay. É uma dor que não posso negar. No entanto, essas ocasiões também me fazem lembrar de que aquilo que consideramos certo ou errado pode mudar. É bem possível que, um dia, não julguemos mais um ao outro pelo salário ou pelo cargo que ocupamos. E ouvir narrativas bíblicas sobre uma hospitalidade descomplicada, por exemplo, também nos ensina que a história está longe de ser uma progressão em linha reta. Palmer nos mostra que os textos sagrados têm valor como parceiros de conversas que expandem nossos pontos de referência e nos forçam a refletir sobre a cultura na qual vivemos.

No entanto, como ficam as pessoas que não se encaixam em uma religião definida? Ou não sabem por onde começar um texto como a Bíblia? Ou nem mesmo querem crer em um livro assim? Se isso se aplica a você, espero que me acompanhe na escolha de um texto próprio para tratar como sagrado — algo que você já ama, que revisita sempre. Todos nós podemos nos beneficiar das práticas ancestrais de leitura sagrada. Podemos encontrar companhia na jornada da vida e aproveitar a sabedoria daqueles que vieram antes. Imagine que esses antepassados textuais percorreram um

CONEXÃO COM O EU INTERIOR

caminho plantando sementes. Atualmente, podemos nos deleitar com as flores. E pode ser que agora, ao nos envolver com essas práticas sagradas do nosso jeito, estejamos plantando sementes que outros aproveitarão quando percorrerem essa estrada daqui a anos.

Então, para começo de conversa, o que define um texto como sagrado? Tradicionalmente, líderes religiosos decidiam o que se contava ou não. Isso é parte da razão pela qual alguns fundamentalistas acreditam que os textos deles não são passíveis de erro — que proclamam a verdade absoluta, e danem-se todas as evidências da existência de dinossauros. Muitos cristãos entendem a vida de Jesus como a corporificação da palavra de Deus, de modo que tanto suas ações quanto suas palavras se manifestam como textos sagrados. Levando em conta a minha experiência, várias pessoas religiosas entendem que um texto sagrado é aquele em que as palavras tiveram uma inspiração divina — não é necessário que o autor seja divino, mas que as palavras tenham sido canalizadas de alguma forma ou escritas em um estado mais elevado de consciência.

Discordo totalmente: nenhuma dessas definições é o que torna um texto sagrado. Não tem a ver com o autor ou a inspiração. Como explica minha mentora, a professora da Harvard Divinity School Stephanie Paulsell, um texto é sagrado *quando uma comunidade assim o afirma*. Só isso. Quando um grupo de indivíduos volta, ano após ano, ao mesmo texto, debatendo-o ao mergulhar nas questões, dificuldades e alegrias que ele apresenta, isso o torna sagrado. Ele passa a gerar novas respostas em textos, músicas, movimentos, filmes e histórias. Quando entendemos um texto como sagrado porque uma comunidade assim o afirma, recebemos permissão para incutir significados divinos em qualquer escrito com o qual nos identifiquemos.

Porque isso importa: nos ajuda a reformular nosso pensamento sobre o que é sagrado, divino e valioso para nós. Na linguagem cotidiana, pensamos em "sagrado" como um adjetivo, sinônimo de "santo" ou "abençoado". O termo descreve algo estático, talvez um pouco empoeirado, alheio à nossa experiência do dia a dia. No entanto, o entendimento da palavra é muito melhor como um verbo — algo que *fazemos*. O termo "sagrado" vem do latim *sacrare*, que significa consagrar ou dedicar. E consagrar quer dizer qualificar ou *tornar* algo santo. Portanto, a sacralidade está na ação, o que significa que temos o poder de fazer o "sagrado" acontecer.

Se isso parece forçado, é porque vivemos sob a influência duradoura do grande sociólogo francês Émile Durkheim, que criou a distinção entre o sagrado e o profano. O nome pode ou não ser familiar, mas você conhece a crença coletiva: há algumas coisas que são vistas como religiosas e outras que são seculares. Permita-me, porém, perguntar: isso reflete sua experiência? Sei que alguns dos momentos mais sensíveis, íntimos, talvez até divinos da sua vida não tiveram nada a ver com a religião formal: quando segurei minha sobrinha no colo pela primeira vez, quando atravessei uma floresta aos 11 anos, quando acordei após uma longa cirurgia (aliás, isso pode ter sido efeito da morfina). As experiências que vivemos são provas de que a transcendência e o significado mais profundo surgem muitas vezes nos momentos mais "seculares", que não têm qualquer ligação com a religião formal. (Ironicamente, a melhor parte da religião nos ensina isso — no entanto, falaremos desse assunto mais tarde.)

Celebrar nossa capacidade de reivindicar algo como divino não significa, porém, que qualquer livro que adoramos ler se torne automaticamente um texto sagrado. É preciso mais que isso.

CONEXÃO COM O EU INTERIOR

CRIANDO *HARRY POTTER AND THE SACRED TEXT*

Conheci Vanessa Zoltan na Harvard Divinity School. Assim como eu, ela era uma candidata improvável ao curso de teologia, ateia feroz, apesar de ter sido criada na tradição judaica. Afinal, ela fora educada com a ideia de que Deus morreu em Auschwitz. Como todos os seus quatro avós eram sobreviventes do Holocausto, essa noção era facilmente compreendida.

Vanessa me intrigava. No meu aniversário, alguns dias depois de termos nos conhecido, ela me mandou um e-mail com o assunto: "FELIZ ANIVERSÁRIO, NOVO AMIGO!" Vanessa tinha vindo para ficar. Começamos a sair para tomar café e, um dia, ela me convidou para um grupo que organizava nas noites de terça, lendo *Jane Eyre* como um texto sagrado. Eu não fazia ideia do que isso significava, mas confiei em meu instinto e aceitei participar. Peguei um exemplar do clássico de Charlotte Brontë na biblioteca, li o capítulo indicado e saí no fim de tarde de inverno da Nova Inglaterra para encontrá-la.

O que aconteceu foi tão desconcertante quanto inspirador. Em um grupo composto por outras quatro mulheres além de Vanessa, falamos durante uma hora e meia sobre um único capítulo. Não se tratava de uma conversa de clube do livro sobre o que achávamos da trama, ou por que tal coisa acontecera quando o Sr. Rochester falara aquilo no capítulo anterior. Em vez disso, fizemos perguntas do tipo: o que podemos aprender sobre o sofrimento? Como podemos entender melhor transtornos mentais? O que o texto pede que façamos em nossa vida? Eu não conseguia parar de pensar naquilo.

As férias de inverno estavam chegando. Em Boston, os invernos são frios, escuros e um pouco deprimentes, então eu queria encontrar algo que me ajudasse a combater a tristeza pós-Natal, algo que parecesse uma grande aventura, mas que ainda me permitisse comer besteiras no sofá. Vanessa e eu tínhamos cursado uma disciplina sobre jornadas e expedições épicas, e o grupo de leitura sagrada dela havia me inspirado. Talvez, pensei, pudéssemos percorrer nossa jornada de criação de significado por meio de uma série de filmes. E, nesse caso, que série melhor que a mágica *Harry Potter*?

Assim, todos os dias durante a segunda e terceira semanas de inverno, Vanessa e eu reunimos um grupo de amigos para assistir novamente aos filmes como se fossem um imenso épico — e tivemos uma ideia. E se nos sentássemos para conversar com outras pessoas, como o grupo de *Jane Eyre*, e lêssemos *Harry Potter* como um texto sagrado?

Foi isso o que fizemos. Prometemos uns aos outros que leríamos os livros capítulo por capítulo, perguntando o que eles poderiam nos ensinar sobre como viver. Usaríamos práticas espirituais da Antiguidade, como PaRDeS e Florilégio, para escavar além do enredo e encontrar uma sabedoria inesperada no mundo dos bruxos. Pedi à minha irmã que desenhasse um pôster e Vanessa perguntou no trabalho se poderia usar a sala de reuniões. Enviamos e-mails e convidamos amigos, mas não sabíamos se alguém iria. Na primeira noite, arrumamos vinte cadeiras, na esperança de recebermos alguns visitantes curiosos. Sessenta e sete pessoas apareceram. Vibramos!

À medida que o grupo se acomodou e criamos uma pequena congregação em que os membros faziam amizades, visitavam uns aos outros no hospital e se apaixonavam, nos indagamos se havia mais gente que gostaria de se juntar à nossa aventura. Lançamos *Harry Potter and the Sacred Text* [Harry Potter e o Texto Sagrado] como um podcast em maio de 2016, no mês em que me casei. Conseguimos nos infiltrar no estúdio de gravação da universidade

CONEXÃO COM O EU INTERIOR

levando doces e chocolates para a equipe administrativa e nos sentamos diante dos microfones. Não tínhamos qualquer experiência em radiodifusão, então foi graças às habilidades de produção da nossa colega de faculdade Ariana Nedelman que parecemos minimamente convincentes. Até hoje, pelo menos um terço do que falamos no estúdio é cortado na edição.

A estrutura do programa é simples. Toda semana, lemos um capítulo pela ótica de um tema específico para a preparação de nossa conversa. Por exemplo, começamos a série lendo o Capítulo Um, "O menino que sobreviveu", do ponto de vista do compromisso. Entre outros temas, havia o perdão, o trauma, o encanto e o amor. Em cada episódio, compartilhamos uma história de nossa vida relacionada ao assunto, atualizamos nossa audiência com uma curta recapitulação do que acontece no capítulo e, em seguida, adentramos uma prática espiritual antiga que nos ajuda a aprofundar nossa interpretação do texto, e é aí que a mágica acontece de verdade.

Graças a nossos ouvintes incríveis, hoje *Harry Potter and the Sacred Text* é um podcast premiado com mais de 22 milhões de downloads e uma audiência semanal regular formada por setenta mil pessoas. Todo ano, fazemos uma turnê e encontramos milhares de ouvintes que nos contam o que a prática da leitura sagrada significou para eles. As pessoas recorrem aos livros e ao podcast para encontrarem reconforto em momentos de ansiedade e solidão paralisantes. A leitura sagrada já ajudou com o luto por um ente querido e com o término doloroso de um relacionamento. Professores adaptam as práticas para salas de aula, ajudando os alunos a refletir com maior atenção sobre textos didáticos padronizados. Por muitas vezes, ficamos sabendo que essas práticas ajudam as pessoas a se conectarem com o que é mais importante para elas.

O PODER DO RITUAL

Talvez não devêssemos nos surpreender com o sucesso do podcast. Milhões de leitores já tratavam os livros de *Harry Potter* como sagrados, cada um de seu jeito. Terapeutas relatam que jovens usam Hogwarts como um refúgio seguro em momentos difíceis e dolorosos. E não se trata apenas de um abrigo do mundo exterior. A Harry Potter Alliance, fundada em 2005, mobilizou milhares de estadunidenses para agir a favor do casamento entre pessoas do mesmo sexo, de condições justas da comercialização de chocolate e de outras questões progressistas, usando narrativas e rituais dos livros para motivar e criar campanhas vitoriosas. Da mesma forma que movimentos de justiça social reinterpretaram narrativas bíblicas como a história do Êxodo e citaram os Salmos, a Harry Potter Alliance faz referência a personagens e tramas do mundo da bruxaria para incentivar os leitores a agir.

A leitura sagrada nos traz de volta a nós mesmos

Ler *Harry Potter* através dessa lente foi transformador para mim e para milhares de pessoas que ouvem *Harry Potter and the Sacred Text* porque nos ajuda a conectar com nosso eu por completo. Ler nos faz enxergar a nós mesmos no lugar de outras pessoas, sentir saudade de partes de nosso passado e desafiar nossa visão do mundo. Muitas vezes, acredita-se que ajuda também a desenvolver empatia. Keith Oatley, psicólogo cognitivo da Universidade de Toronto, chegou às manchetes em 2006 com um estudo que desenvolveu no qual sugeria que ler sobre outras pessoas melhora a capacidade de entender e cooperar com os outros e, por fim, de compreender a si mesmo. Muitos outros estudos apresentaram argumentos semelhantes. No entanto, a empatia não começa com os outros. Começa a partir de si mesmo.

CONEXÃO COM O EU INTERIOR

Em um estudo alemão de 2017, os participantes foram ensinados a reconhecer diferentes subpersonalidades, como nossa "voz alegre" ou nosso "crítico interno". Ao aprender a lidar de forma crítica com nossos padrões de pensamento, nos tornamos mais capazes de inferir os estados mentais dos outros. Ficamos mais empáticos.

A autodescoberta por meio da leitura é, muitas vezes, reveladora e libertadora. Entretanto, nem sempre é agradável. Ela nos obriga a olhar para dentro, e isso pode ser doloroso. Podemos ser confrontados por traumas e sofrimento ao ler sobre alguém que passou por uma experiência parecida, e às vezes somos forçados a tratar de questões com as quais ainda não lidamos. Vanessa e eu nos acostumamos a receber e-mails de leitores os quais revelam que a leitura profunda que fizemos no podcast trouxe à tona um trauma não elaborado, como sobreviver a abuso sexual, por exemplo. Bem no começo do primeiro livro, descobrimos que os pais de Harry foram vítimas de um assassinato brutal e que ele, ainda bebê, de alguma forma, sobreviveu. Nossa leitura sagrada ressoou em uma leitora em especial, que compartilhou a história de um momento traumático que lhe moldou a vida. Quando era pequena, o pai dela foi morto em um ataque terrorista na América Latina. Ela escreveu:

"É estranho crescer sabendo o mal que foi feito contra você e o que o ódio de um desconhecido lhe causou. É estranho crescer sentindo a falta de alguém que você nunca conheceu. O amor inabalável de Harry por Lílian e Tiago me mostrou que não tinha problema eu sentir saudade do meu pai, mesmo que nunca o tenha conhecido. Não tinha problema sofrer o luto da perda, mesmo que eu não tivesse consciência dela quando aconteceu. Está tudo bem em ainda ter dificuldade com isso e haver um pouco de estresse pós-traumático, mesmo que já tenham se passado 22 anos e eu nunca o tenha conhecido.

Sinto uma conexão estranha com Harry por causa da natureza de nossas perdas, e o convite de vocês para levar essa conexão a sério tem sido muito curativo e reconfortante para mim. Também me levou a ver o luto de Harry de um ponto de vista bem diferente. Deve ser tão difícil para ele navegar neste mundo em que tantas pessoas que ele não conhece sabem tanto sobre os pais dele e se lembram deles tão nitidamente, e Harry não tem outra escolha a não ser acreditar nelas. Quando descobri algumas coisas que meu pai disse e fez que são contrárias ao que acredito, pensei em Harry vendo Tiago intimidar Snape. Foi tão reconfortante saber que Tiago não era perfeito quando precisei admitir para mim mesma que meu pai também não era. Isso aprofundou minha conexão com essa história e esse personagem, e sou muito grata por ter mais uma âncora quando tudo o mais que eu acreditava saber estava desmoronando."

Essa carta, por um lado, ilustra que grande parte do ato de retornarmos a nós mesmos envolve o lembrete de que estamos fundamentalmente bem, que nossa experiência é válida ainda que não sejamos capazes de compreendê-la por completo. E que a leitura sagrada pode nos ajudar a encontrar um local seguro enquanto o mundo à nossa volta se move sem parar.

Por outro lado, há momentos em que alguns ouvintes nos dizem que a leitura sagrada os ajudou a se tornarem alguém diferente, que ao refletir profundamente sobre quem são encontraram alguém em quem queriam se transformar. Veja este bilhete de um leitor que passou muitos anos como comandante militar nas Forças Armadas, servindo no exterior. Ele se refere à cena em que Gina Weasley lembra a Harry que ela já foi possuída por Voldemort, e ele se esquecer desse fato mostra como é sortudo:

CONEXÃO COM O EU INTERIOR

"Eu achava que tinha chegado onde estava por causa do meu trabalho duro, da minha ambição e da minha coragem, mas, ao refletir sobre isso, percebi que, na verdade, sou bem preguiçoso e covarde. Quando comecei a realmente enxergar as outras pessoas e a mim mesmo, percebi que ser um homem branco de classe média alta criado em um lar estável tinha me conseguido mais que meu esforço, minha ambição ou minha coragem. Minha colega de classe que conseguiu se tornar comandante da Força Aérea na faculdade e, depois, piloto de caça F-15C Eagle foi muito mais esforçada, ambiciosa e corajosa que eu. Meu comandante de voo, que se formou na Universidade Howard, tornou-se oficial e criou dois filhos pequenos enquanto a esposa terminava o doutorado, foi muito mais esforçado, ambicioso e corajoso que eu. O jovem aviador do interior do Tennessee que aprendeu programação de computador e se alistou na Força Aérea para mudar seu futuro foi muito mais esforçado, ambicioso e corajoso que eu. Comecei a perceber que estava enxergando as coisas de um ponto de vista equivocado. Foi aí que seu episódio me pegou.

[...] Acabei decidindo que precisava escrever para vocês quando ouvi uma fala: "Sorte a sua." Já tinha lido essa passagem anos atrás, mas quase não a tinha notado e de forma alguma havia pensado no significado mais amplo que Vanessa atribuiu a ela. Eu costumava dizer que não enxergava a cor das pessoas, e de fato acreditava nisso. Alguém muito próximo já tinha apontado muitas vezes que, se eu não via um membro de um grupo oprimido e desprivilegiado à luz do que precisara enfrentar para chegar onde estava, então eu não o enxergava de verdade [...]. Durante quarenta anos acreditei que tinha chegado aonde cheguei por conta própria e do nada, que era mais merecedor do que possuía comparado a outros e qualquer um que não alcançasse o que eu definia como sucesso havia fracassado por conta de falhas próprias. Estava errado [...]. Meu privilégio significava que eu não precisava pensar em mais ninguém. Sorte a minha."

A leitura é um caminho para uma consciência mais ampla. Para a coragem e o comprometimento. Para enxergarmos nossos erros e encontrarmos um rumo melhor.

Uma leitura muito fatídica dos primeiros livros que levou a uma conversa especialmente aprofundada entre nossos ouvintes foi sobre a Sra. Petúnia Dursley, que, acredite, é universalmente detestada. Enquanto Vanessa e eu relíamos aquele primeiro capítulo, encontramos uma jovem, sem apoio no exercício da maternidade, que de repente recebe um segundo bebê para cuidar após a morte da irmã. Forçada a adentrar um mundo que sempre invejara e temera, sem qualquer explicação, ela se sente vulnerável a uma sociedade que só pode significar perigo. Sem dúvida, Petúnia é abusiva com Harry; ela o negligencia nos anos mais cruciais da vida dele. Esse episódio, porém, buscou abordar que narrativas de bem e mal quase sempre se mostram mais complexas quando abrimos nosso coração para explorar uma leitura sagrada. Isso não apenas me deu um novo ponto de vista para entender um personagem, como também me desafiou a perceber que tinha deixado as narrativas polarizadoras das notícias construírem definições binárias e simplistas de inocência e culpa. Fazia muito tempo que eu julgava a Sra. Dursley, mas havia muito a analisar nesse julgamento. É por isso que a leitura sagrada pode ser parte de uma prática espiritual de conexão com o eu interior: ela nos desafia a olhar para dentro. A leitura sagrada nem sempre o tornará popular. No entanto, vai ajudá-lo a se aproximar da verdade.

APROFUNDANDO UMA PRÁTICA DE CONEXÃO COM O EU INTERIOR: *LECTIO DIVINA*

A leitura pode nos ajudar a integrar diferentes partes de nossas experiências em nosso eu completo. A forma como lemos, portanto, é importante nesse processo. Tudo bem ler por diversão ou escapismo (às vezes é necessário), mas também é possível ir mais fundo. Desmembrar rituais religiosos pode, mais uma vez, ser uma ferramenta muito útil para incutir significado em nossas práticas cotidianas. *Lectio divina*, que significa literalmente leitura sagrada, é um desses rituais.

No século XII, Guigo II escreveu um pequeno livro — na verdade, é mais um panfleto — explicando como exatamente fazer isso. Ele intitulou o livro *Scala Claustralium* [A estrada dos monges, em latim]. Nele, Guigo descreve como ler um texto em quatro passos, subindo uma escada e se aproximando cada vez mais do Paraíso. Aqueles que são "amantes de Deus" podem subir mais alto, até as nuvens, e se encontrar em meio a uma série de "segredos paradisíacos", explica. Ele imagina anjos levando desejos fervorosos até lá em cima e voltando para reacender nosso desejo pela bondade.

Em vez de ler capítulos inteiros da Bíblia, Guigo instruía seus alunos a escolher unicamente um trecho para digerir. "Você sabe quanto suco veio de uma pequena uva, o tamanho da fogueira acesa por uma faísca, como um minúsculo pedaço de metal foi esticado na bigorna de meditação?", indaga. Na verdade, não é preciso nem terminar de ler uma frase! O texto pode derramar doçura na alma, restaurando a mente cansada com um simples trecho. Um século antes, santo Anselmo havia oferecido um conselho a sua rica patronesse, a condessa Matilda da Toscana: ao ler um texto sagrado, seu objetivo não era chegar ao fim dele, mas ler apenas o suficiente a fim de despertar a mente para a oração. O estudioso medieval Duncan Robertson explica que "o cumprimento da leitura começava quando a leitora tirava os olhos da página e desempenhava um papel ativo no que era agora um diálogo". Comunidades monásticas não liam um livro apenas uma vez — havia pouquíssimos volumes na época! Reler e ler em voz alta eram o modo como os monges estudavam um texto, guiando-os escada acima. O texto em si era uma entrada para a reflexão e a meditação. Era um caminho sagrado a percorrer até o coração de Deus. Você talvez se identifique com isso quando reler um de seus livros favoritos, ou talvez algumas passagens evoquem algo e você tire os olhos da página apenas para absorver aquela doçura ou beleza.

Em seu panfleto, Guigo promoveu séculos de instruções de leitura sagrada e resumiu suas orientações nos quatro degraus de uma escada. Ele os denominou: ler, meditar, rezar e contemplar. Vanessa e eu traduzimos isso em nosso podcast *Harry Potter and the Sacred Text* pensando nesses quatro estágios como quatro grupos de perguntas.

1. O que está, literalmente, acontecendo na narrativa? Onde estamos na história?
2. Que imagens alegóricas, histórias, músicas ou metáforas aparecem para você?
3. Que experiências da sua vida lhe vêm à mente?
4. Que atitude você está sendo impelido a tomar?

A diferença entre simplesmente ler um texto e se envolver nesse tipo de construção de significado era, para Guilherme de Saint-Thierry, um contemporâneo de Guigo, "o mesmo abismo [...]

CONEXÃO COM O EU INTERIOR

que existe entre a amizade e a breve interação com um convidado, entre o companheirismo generoso e um encontro por acaso". Esta é a diferença entre ler por pura diversão e ler por autoconhecimento e sabedoria.

Não o culpo se você estiver desconfiado. Permita-me, porém, compartilhar minha leitura sagrada da frase de abertura de *Harry Potter*. Juntos, podemos ver como a *lectio divina* pode se aprofundar e nos ajudar a criar oportunidade para a autodescoberta. Eis a frase: (Recomendo que leia em voz alta à medida que passarmos pelas perguntas. Isso ajuda a fazer algo de novo ao texto toda vez que você voltar a ele.)

O Sr. e a Sra. Dursley, da rua dos Alfeneiros, nº 4, se orgulhavam de dizer que eram perfeitamente normais, muito bem, obrigado.

Passo 1: o que está, literalmente, acontecendo na narrativa? Onde estamos na história?

Até alguém que está entrando em contato pela primeira vez com o mundo bruxo pode participar nessa etapa. Não sabemos nada além dessas primeiras palavras! Estamos conhecendo um casal — o Sr. e a Sra. Dursley — que mora em uma casa no nº 4 da rua dos Alfeneiros. Eles querem desesperadamente ser vistos como pessoas comuns, e há uma franqueza permeada de vaidade neles que nos deixa cautelosos logo de cara.

Este primeiro passo costuma ser o mais fácil, e é o nível no qual se dá a maior parte de nossas leituras cotidianas. Sei o que está acontecendo? Ótimo, hora de passar para a próxima frase. No entanto, este é apenas o começo de nossa jornada de leitura sagrada, o degrau mais baixo na escada de Guigo. Agora vamos um pouco mais a fundo. Leia a frase em voz alta de novo e se pergunte...

Passo 2: que imagens alegóricas, histórias, músicas ou metáforas aparecem para você?

O Sr. e a Sra. Dursley, da rua dos Alfeneiros, nº 4, se orgulhavam de dizer que eram perfeitamente normais, muito bem, obrigado.

Uma série de coisas me ocorre de imediato. A palavra "Alfeneiro" lembra "altaneiro" — então há um elemento de altivez, orgulho. Um alfeneiro também é um tipo de arbusto, muitas vezes usado em cercas vivas, o que sugere uma barreira entre os Dursley e nós, os leitores. A palavra, porém, também me lembra de *fen*, um centavo de Yuan, o que pode indicar alguma ligação com a China?! (As coisas nem sempre fazem sentido no segundo degrau da escada.)

Também vale explorar o número 4. Há quatro lados em um quadrado, e os Dursley são nitidamente uma gente quadrada. A métrica mais simples na música escrita é a batida 4/4, o que mais uma vez sugere normalidade. Como alguém formado em estudos religiosos, não consigo deixar de associar o número às Quatro Nobres Verdades, ensinamento central do budismo. Assim, sou lembrado da inevitabilidade do sofrimento e que o caminho para a iluminação passa pelo desapego. De forma parecida, penso nos Quatro Cavaleiros do Apocalipse, nos quatro Evangelhos, nas quatro estações, nos quatro naipes de um baralho. Nos Beatles. No jeito como as pessoas substituem a letra "A" pelo numeral "4" em senhas de computador. A lista é interminável.

Como você pode ver, neste segundo passo o único limite é sua imaginação. Você pode dizer que as palavras "muito bem, obrigado" o fazem lembrar Elvis. Ou que "normais" parece "mortais", e isso pode ser uma metáfora oculta para morte iminente.

Guigo nos diria que o primeiro estágio é como se estivéssemos colocando uma porção de comida na boca, e que neste segundo passo a estamos mastigando, dividindo-a em muitos pedaços me-

CONEXÃO COM O EU INTERIOR

nores. Nossa mente se abriu e, de repente, estamos lidando com imagens e palavras muito além das fronteiras do texto. Estamos conectando pontos inesperados e acrescentando camadas de novas associações. No entanto, neste estágio estamos nos refestelando com um punhado de ideias — a seguir, precisamos que elas ressoem mais profundamente, para buscarmos o significado espiritual. Na terceira pergunta, conectamos o texto à nossa vida de modo explícito. Como diria Guigo, começamos a sentir o sabor da passagem que escolhemos, indagando:

Passo 3: que experiências da sua vida lhe vêm à mente?
O Sr. e a Sra. Dursley, da rua dos Alfeneiros, nº 4, se orgulhavam de dizer que eram perfeitamente normais, muito bem, obrigado.

A primeira coisa que penso ao ler desta vez é que o Sr. e a Sra. Dursley são casados. Meu marido, Sean, e eu nos casamos há dois anos e, como a maioria dos casais que conheço, temos alguns apelidos secretos e bobos de chamar um ao outro. Os Dursley também devem usar esses nomes particulares. Apesar de suas frustrações mútuas, eles são uma equipe. Estão criando o filho pequeno, fazendo o melhor que podem em um mundo que nem sempre foi gentil com eles.

E me pergunto qual dos dois costuma dizer que são "perfeitamente normais, muito bem, obrigado". Esse indivíduo fala em nome do casal, ou uma das vozes está se sobrepondo à outra sem consentimento? Sei que, às vezes, escrevo um cartão em meu nome e em nome de Sean para alguém que ele mal conhece. Ou compro ingressos, todo confiante, para ver uma banda de que ele talvez não goste tanto. Então será que é apenas um dos Dursley que se orgulha de ser normal? Talvez exista uma diferença maior entre os dois do que presumimos. Não seria a primeira vez que um casal descobre discordâncias inesperadas depois de oficializar a união.

Vê como já estamos descobrindo mais sobre o casal e encarando algumas verdades nada glamorosas sobre nós mesmos? Ao acrescentar uma camada de experiências próprias à história, entendemos o contexto dos Dursley de forma bem mais profunda. Até aqui, estamos trazendo nossas ideias e reflexões *para* o texto. No entanto, ainda não finalizamos nosso trajeto escada acima. No estágio atual, adentrando o quarto passo, convidamos o texto a falar *conosco*. Guigo encararia isso como pedir a Deus que responda à nossa prece, mas Vanessa e eu preferimos simplesmente imaginar o que o texto pode ter a nos dizer.

Um aviso: isto pode ser desconfortável. A leitura sagrada nem sempre é agradável, como já pontuamos. Ela pode trazer à tona algum tipo de dificuldade e dor, ainda que pelo simples fato de que ler algo como se fosse divino significa que precisamos nos dispor a ser transformados. Se nosso coração, nossa imaginação e nosso comprometimento com nossos valores mais profundos não se expandirem com uma prática de leitura sagrada, então não estamos lendo de forma sagrada. Portanto, sigamos ao último degrau da escada.

Passo 4: que atitude você está sendo impelido a tomar?

O Sr. e a Sra. Dursley, da rua dos Alfeneiros, nº 4, se orgulhavam de dizer que eram perfeitamente normais, muito bem, obrigado.

Às vezes, o texto nos impele a fazer algo capaz de mudar nossa vida. Talvez seja se libertar de uma mágoa antiga, ou assumir uma nova responsabilidade. Uma ouvinte do podcast nos contou que, depois de anos pensando nisso, tinha se cadastrado para se habilitar à adoção após refletir sobre como Harry Potter é acolhido no lar dos Weasley. Outras vezes, há um chamado para fazer algo simples e divertido. Escrevo isto enquanto estou longe do meu marido e

CONEXÃO COM O EU INTERIOR

sinto saudades enormes, então neste momento sinto vontade de mandar uma mensagem com um dos apelidos que lhe dei, com a intenção de ele ficar sabendo que estou pensando nele e o amo. A conexão entre o texto em si e a atitude que ele nos inspira a tomar não precisa ser lógica. Às vezes, os incentivos que o texto nos dá para viver com mais coragem, amor e integridade são deliciosamente misteriosos.

Aplicar esse exercício simples de reflexão a várias coisas que li ao longo dos anos fez emergir uma infinidade de pensamentos e sentimentos que me ajudaram a chegar a um nível de autoconhecimento mais profundo. Muitas vezes essas introspecções não são necessariamente novas, mas eu as tinha perdido de vista. A prática da leitura sagrada as traz de volta para casa, como um gato que escapuliu pela porta quando eu não estava olhando e, agora, precisa de uma mãozinha para retornar. Nesta leitura específica, me lembrei de meu traço egoísta inerente. Fico ocupado com o trabalho, que faz eu me sentir bem comigo mesmo, e perco de vista a pessoa que é mais importante para mim. Tenho que me lembrar de que relacionamentos significativos precisam de tempo e atenção.

É óbvio que Guigo é apenas um dos professores de leitura sagrada. No podcast, aprendemos com os ensinamentos de santo Inácio sobre imaginação sagrada — a prática de se colocar na história sendo lida como um personagem do texto — para que possamos nos envolver melhor com a leitura. O conceito de imaginação sagrada de santo Inácio também nos convida a perceber todos os nossos sentidos — o que ouvimos, vemos, tocamos, cheiramos e saboreamos. Esse incentivo para mergulharmos em uma história nos permite ir além das palavras na página para ver como os personagens estão vestidos e o que estão fazendo quando não falam. É como se uma imagem conhecida passasse de preto e branco para colorida, com novas sutilezas emergindo sobre o mundo descrito na página e o mundo em que vivemos. Ao encontrar mais empatia pelos personagens, encontramos mais empatia pelas pessoas com quem compartilhamos a vida.

Lógico que os cristãos não são os únicos com rituais de leitura sagrada: há muito tempo que as comunidades judaicas praticam o havruta, uma abordagem rabínica tradicional ao estudo talmúdico, na qual uma dupla de estudantes analisa e discute um texto compartilhado. Muitas vezes, eles fazem perguntas retiradas do texto um ao outro. Por exemplo, em *Harry Potter*, por que as corujas aparecem em momentos de transição na história? Nesta prática, fazer uma pergunta a seu parceiro de aprendizagem não é o suficiente — você precisa também propor uma resposta possível. Será que é porque as corujas são capazes de girar a cabeça 360 graus e, portanto, momentos de mudança são inevitavelmente períodos em que somos forçados a considerar todos os aspectos de nossa vida? Então, como podemos perceber essas aves no texto? Ter um parceiro constante de estudos de havruta significa não apenas que você é sempre desafiado com perguntas novas e instigantes, mas também que vocês constroem, juntos, um banco de referências e a verdade para cada indagação está em algum lugar entre vocês dois, sempre habitando o vai e vem de perguntas e respostas sugeridas. Com seu parceiro de havruta e o texto, você forma um triângulo em cujo centro ficam as verdadeiras compreensões da sabedoria.

Lectio divina, a imaginação sagrada de santo Inácio e o havruta compartilham mais que a leitura sagrada; os três têm o potencial de ser levados a espaços seculares. Desde que apresentamos essa ideia no podcast, Vanessa e eu ouvimos muitas histórias de pessoas que estão adaptando essas práticas para a própria vida. Vários professores começaram a adaptar a *lectio divina* para a sala de aula,

CONEXÃO COM O EU INTERIOR

criando tarefas de casa em quatro partes ou temas de debate para os alunos. Outros aplicaram a imaginação sagrada em textos didáticos básicos. Soubemos de famílias que escutam o programa em longas viagens de carro e, em seguida, têm conversas no estilo havruta para passar o tempo. Talvez o mais impressionante tenha ocorrido em nossa primeira apresentação ao vivo, em um bar sombrio em Cambridge, Massachusetts, quando 375 pessoas devoraram um trecho de texto em *lectio divina* enquanto a cerveja fluía à nossa volta. Acho que Guigo aprovaria isso.

Além da página: a leitura sagrada no mundo

Ler é muito mais que decodificar de forma mecânica os símbolos em uma página. É interpretar personagens e as situações em que se encontram. É dar significado ao mundo à nossa volta. A leitura nos transforma. Descobrimos em quem podemos nos tornar a partir daquilo que lemos, expandindo nossa imaginação a cada novo livro que encaramos.

Existem, lógico, outras práticas similares que nos trazem de volta a nós mesmos, e elas são diferentes para cada pessoa. Percorrer longas distâncias patinando em alta velocidade, entoar cânticos, pular corda, dançar, colecionar pedras, caminhar com o cachorro — aquilo que funciona para você pode ser ridicularizado ou parecer insignificante para os outros. No entanto, tenha coragem! Tenha convicção em sua prática, não importa o que os outros ou sua insegurança lhe digam. Haverá dias em que ela parecerá vazia. Sem propósito até. Vanessa explica que, nesses momentos, precisamos confiar em nosso eu do passado, que em períodos de compreensão e convicção decidiu que aquela prática era a coisa certa a se fazer. Como um estudante resolvendo colar às três da manhã, horas antes da prova, podemos tomar as piores decisões quando estamos desesperados. A convicção nos ajuda a enfrentar esses momentos desafiadores e voltar mais uma vez a nossas práticas sagradas de conexão. Precisamos ter fé na prática em si, mesmo quando nos sentimos perdidos ou achamos que não está "funcionando". Portanto, veja se a leitura é uma prática que o toca e lhe traz uma sensação de conexão com seu eu mais profundo.

Para não deixar qualquer dúvida: encontrar um texto para tratar como sagrado não deve limitá-lo a *Harry Potter*. Você pode escolher um clássico da literatura, um livro obscuro que amava na infância ou um poema. Se cresceu bilíngue, recomendo que você escolha um texto na língua com a qual foi criado. Muitas vezes, essas palavras têm uma ressonância maior que pode abrir seu coração. Na verdade, você pode ir além da palavra impressa. É possível escolher a letra de uma canção com a qual cresceu, por exemplo, ou uma imagem — o teólogo holandês Henri Nouwen escreveu um livro inteiro concentrado na leitura sagrada de uma pintura de Rembrandt. Ele compartilha a história de se sentar em frente ao quadro no Museu Hermitage, em São Petersburgo. A cada hora que passa, Nouwen descobre uma nova camada de significado, encontrando-se em todos os três personagens retratados na tela. O texto escolhido pode até mesmo ser interpretado para uma plateia especificamente convidada com a missão de refletir sobre o que ele significa nas respectivas vidas.

Histórias foram uma parte importante da minha infância, e não apenas as do tipo que se lê na hora de dormir. Repensando sobre isso, percebo que o hábito de ouvir e ler histórias influenciou muito na construção da minha identidade. Todo dia 23 de dezem-

CONEXÃO COM O EU INTERIOR

bro minha mãe promovia um evento beneficente e convidava a famosa contadora de histórias de nossa cidade para se apresentar lá em casa. A sala de estar se transformava — todas as cadeiras que tínhamos na casa eram levadas até lá, almofadas eram empilhadas no chão e, de repente, havia espaço para 45 pessoas se sentarem e um pequeno palco perto da porta.

Isso, descobri quando fiquei mais velho, não é normal. Na verdade, nem toda cidade tem a própria contadora de histórias. Forest Row, porém, é o tipo de lugar onde ver a mãe de um colega de escola levando o bode para passear não estava fora de cogitação, então uma tradição de contação de histórias não era algo a ser estranhado.

Todo ano eu ficava ansioso para ouvir a versão de *Canção de Natal*, de Charles Dickens, contada por Ashley Ramsden. Foi ali que aprendi que as histórias podem ser um espelho no qual refletimos nossa vida. Por meio de personagens e enredos, começamos a entender mais sobre quem somos e como vivemos. E, se retornarmos várias vezes à mesma história (como fiz todo ano da minha infância), encontraremos novas camadas e novas verdades — sobre o texto, mas também sobre o mundo e nosso lugar nele.

Você talvez tenha assistido à versão dos Muppets ou lido o clássico original, mas a história é a mesma. Ebenezer Scrooge odeia o Natal e se enfurna em seu escritório, pensando apenas em dinheiro, maltratando seu funcionário, Bob Cratchit, e todos que encontra ao longo do dia. Em uma véspera de Natal, Scrooge volta de seu escritório gelado e prepara uma tigela de mingau para comer. Já teve a experiência chocante de ver o rosto de seu falecido parceiro de negócios Jacob Marley à porta de casa. "Pouco me importa" é tudo que diz em relação a isso. Enquanto se prepara para dormir,

Scrooge ouve de repente um estranho barulho vindo do térreo. É ainda mais inquietante porque ele trancou a porta com ambas as fechaduras, e o som agora está chegando ao andar superior e se aproximando cada vez mais.

O fantasma de Marley entra no quarto de Scrooge, carregando várias caixas de dinheiro pesadas, com cadeados, e caixões de ouro presos à sua forma macabra. Marley lamenta seu destino e diz a Scrooge que o mesmo fim infeliz o aguarda se ele não mudar. Aterrorizado, Scrooge tenta argumentar com Marley, perguntando como ele pode ser tão atormentado na vida após a morte, tendo sido sempre um bom homem de negócios. Marley responde em um grito intenso:

"NEGÓCIOS? A HUMANIDADE ERA O MEU NEGÓCIO!"

Até hoje consigo ouvir Ashley, a contadora de histórias, gritando isso. Ainda é algo que me perturba.

Agora, pode parecer que essa interpretação era apenas um passatempo divertido. Tal julgamento, porém, subestimaria minha mãe, que organizava esse evento todo ano. Veja bem, meu pai também era um homem de negócios, assim como várias pessoas naquela sala. Ele trabalhava em um banco de investimentos, e seu amor pela economia de livre mercado nem sempre o diferenciava tanto assim de Ebenezer Scrooge. Essa história sempre possui um significado especial para mim, por me lembrar de que o coração de todos nós endurece se não o abrirmos constantemente para o mundo doloroso. Às vezes é mais fácil verificar o saldo da conta que nossa consciência. Portanto, essa história não era mero entretenimento. Era um chamado à ação. A transformação de Scrooge era um convite a todos naquela sala a mudar nossas atitudes miseráveis, a abraçar nossa humanidade em comum, a redistribuir a riqueza — não apenas pela igualdade e justiça, mas também por

CONEXÃO COM O EU INTERIOR

nossa libertação! Todos nos sentávamos para assistir àquele texto interpretado porque sabíamos que ele nos conduziria a uma visão mais amorosa do mundo.

No começo da história, Scrooge recusa um convite de seu sobrinho Fred para visitá-lo e participar dos jogos programados para a noite de Natal. Ele estava convencido de que o isolamento e a acumulação de riquezas o fazem feliz. No entanto, os fantasmas provam que Scrooge estava errado. Assim, no fim da história, ele vai até a casa do sobrinho, onde estão acontecendo os jogos festivos, e pergunta, hesitante: "Me deixa entrar, Fred?" Nesse momento, está pedindo para ser recebido em uma casa, reintegrado à própria família e perdoado por seu egoísmo, para reconstruir sua noção de identidade não apenas a partir do que possui, mas de quanto ama. Ainda muito novo, aprendi que uma história podia nos inspirar e instruir a levar a vida com significado e propósito, conexão e alegria. Isso, porém, não acontecia ao acaso. Era preciso que alguém — neste caso, minha mãe — definisse uma intenção, unisse as pessoas, assasse uma quantidade enorme de biscoitos natalinos e repetisse o evento a cada ano.

Esta é a sabedoria de tratar um texto como sagrado. Ela nos aproxima de quem somos, lá no fundo. Ajuda-nos a integrar nossas experiências. A enxergar além de nós mesmos, de forma que podemos olhar para trás e nos ver com mais nitidez. Parafraseando o teólogo e filósofo do século XIII Tomás de Aquino, textos sagrados nos ensinam uma verdade vital para nossa vida que não conseguiríamos descobrir sozinhos. Eles agem como um espelho no qual confrontamos atitudes e comportamentos dos quais queremos nos livrar. Podem nos inspirar e enobrecer quem queremos ser. Talvez você já tenha escolhido *Harry Potter*, talvez prefira Toni Morrison. Pode ser Shakespeare ou Isabel Allende.

O PODER DO RITUAL

Ou pode voltar a um texto sagrado tradicional com um novo jeito de ler. Tudo isso é bem-vindo. Quando lemos de forma sagrada, qualquer um deles — e muitos outros — pode nos acompanhar na escada rumo a uma doçura eterna que está sempre à nossa espera.

TEMPO DE REPOUSO

Arranjar um tempo para si mesmo está cada vez mais difícil. Nossos dispositivos digitais nos distraem, oferecendo uma vida em que tudo está disponível com o reconhecimento de uma digital, e é provável que "ocupado" seja a primeira coisa que respondemos quando nos perguntam como estamos. Isso faz com que seja difícil até mesmo ter consciência de nossa vida interior, de como estamos realmente nos sentindo. Podemos passar dias sem perceber que estamos com raiva e ressentidos, por exemplo, ou que estivemos especialmente ansiosos na semana anterior, até que aquela "conversa difícil" que estava causando a ansiedade ocorra.

O sabá, ou *shabat*, a antiga prática de repouso na tradição judaica, nos oferece um modelo no qual podemos nos inspirar para criar um ritual moderno de abrir um espaço de conexão com nós mesmos. Esse momento tem a ver com dedicar um tempo mais do que necessário para a alma. Quando fazemos uma escolha consciente de ter um dia de descanso — criando uma regra sobre quando faremos ou não certas coisas, estabelecendo limites para o tempo de tela, seja o que for —, criamos um pilar de nitidez em nossa vida espiritual.

O hábito de guardar um dia para repouso também tem benefícios práticos verificados. Um estudo de 2014 focou os Adventistas do Sétimo Dia, um grupo cristão conhecido pelo cumprimento em

CONEXÃO COM O EU INTERIOR

guardar o sábado, e demonstrou uma ligação significativa entre essa prática e a saúde mental e física. Uma comunidade bem unida de nove mil adventistas em Loma Linda, na Califórnia, foi rotulada como uma "Zona Azul" — uma área onde as pessoas vivem muito mais que a média nacional. De modo parecido, pesquisadores concluíram que há menos mortes de adultos em Israel no sabá. Por isso, vamos explorar como uma tradição de guardar um dia de descanso pode funcionar para aqueles que estão buscando maior conexão com o eu interior.

Por meio de nossa pesquisa de estudos de caso para "How We Gather", descobrimos que, em nossa vida moderna, o sabá pode ser aplicado de modo especialmente útil de três formas: um dia sem tecnologia, um dia para ter tempo a sós e um dia para diversão e criatividade. Lógico, o sabá judaico tradicional é centrado em celebração compartilhada com os outros — e exploraremos mais dessa conexão comunal no próximo capítulo. Essas práticas de guardar alguns dias visam nos ajudar a nos conectar com nosso eu autêntico.

Um dia sem tecnologia

Quando cheguei à Harvard Divinity School, não me considerava uma pessoa espiritualizada. Fui para lá porque queria aprender sobre a formação de comunidades. Imaginava que precisaria vasculhar as ementas curriculares atrás de matérias úteis, dispensando as abobrinhas que não faziam sentido para mim. Em vez disso, fui surpreendido diversas vezes pelo entendimento amplo e contraintuitivo de "religião" que meus professores ofereciam. E não era apenas o que acontecia em sala de aula que expandia minha imaginação. Era comum uma reunião começar com alguns instantes de meditação silenciosa. Às quartas-feiras, os estudantes, o corpo docente e a equipe se reuniam para uma sessão ministrada por uma série de grupos de estudantes que se revezavam, demonstrando a riqueza de suas tradições. Esse tipo de ambiente de aprendizado nos permitia ser mais humanos uns com os outros. Na realidade, discussões acadêmicas são muito mais gratificantes quando sabemos a história de vida de alguém antes de ouvir o ponto de vista da pessoa! Enfim, eu tinha certa desconfiança de que qualquer coisa abertamente religiosa poderia ser útil para mim, uma pessoa moderna e secular, mesmo depois de entrar em uma faculdade de estudos religiosos.

Um dia, na biblioteca, dei uma olhada no livro *O Schabat: seu significado para o homem moderno*, de Abraham Joshua Heschel, por acaso. Esse texto curtinho me deixou impactado. Eu presumia que guardar o sábado era um resquício anacrônico da vida no *shtetl*. Não apertar interruptores e ter que preparar toda a comida do dia na véspera pareciam coisas irrelevantes para meu estilo de vida alimentado pela tecnologia. No entanto, já tinha percebido que meu uso dela estava impedindo que eu aproveitasse meu tempo verdadeiramente. Fazia um tempo que eu adquirira o hábito de acordar todo dia com o alarme do celular de manhã e a tela brilhante do dispositivo ser a primeira coisa que via. Eu dava uma olhada nas redes sociais, verificava os e-mails e lia as notícias antes mesmo de sair da cama. Minha concentração já tinha sido perdida, e qualquer sentimento de calma já tinha se esvaído quando eu ia escovar os dentes — ouvindo um podcast. "Vício" é uma palavra pesada para se usar, mas, quando me vi verificando o celular compulsivamente enquanto pedalava para a faculdade, ficou evidente que eu tinha um problema. Como a artista Jenny

CONEXÃO COM O EU INTERIOR

Odell escreve em seu fabuloso livro *Resista: não faça nada*, o mais difícil a se fazer nos dias atuais é nada.

Heschel publicou o livro em 1951, o ano em que a supercola foi inventada e o primeiro computador comercial foi vendido. Ele já sabia, porém, a melhor forma de lidarmos com a tecnologia moderna. "A solução para os problemas mais incômodos da humanidade não será encontrada na renúncia da civilização técnica, mas na obtenção de certo grau de independência dela", escreveu. Ele propôs que encontremos uma maneira de conviver com as novas tecnologias sem depender delas — não aboli-las ou voltar no tempo, mas ter uma intenção bem definida ao usá-las. E para pôr isso em prática temos o sabá. Heschel nos ensina a, uma vez por semana, viver de modo independente de nossas ferramentas de produção mais importantes e aceitar o mundo — e a nós mesmos — como o encontramos.

Assim, inspirado por Heschel e por um segundo texto sobre o sabá, escrito por Wayne Muller, tornei as noites de sexta um momento sagrado de desconexão digital do mundo exterior, abrindo espaço para me conectar comigo. Desde 2014, tenho guardado um "dia sem tecnologia" — 24 horas sem usar meu computador ou meu celular, do pôr do sol de sexta-feira até o pôr do sol de sábado. Nada de e-mails, redes sociais, qualquer coisa do tipo. Quando começa a escurecer, fico em frente à janela e observo o céu por alguns instantes. Em seguida, acendo uma vela e, segurando-a, canto uma canção que aprendi na infância para entrar no clima mágico e misterioso do repouso. No momento em que apoio a vela na mesa, consigo sentir: meus ombros relaxam, minha respiração fica mais tranquila e, em geral, o cansaço que vinha acumulando me alcança — e às nove já estou na cama. Se estiver com vontade, acendo um incenso. Sem meus dispositivos digitais, não há música ou podcasts para escutar, então fico em silêncio pela primeira vez em dias. De repente, tenho a oportunidade (ou sou forçado, dependendo do dia) de olhar para dentro.

Essa prática de "descansar" da tecnologia é bem diferente da vida cotidiana, na qual o mundo está ali para nosso consumo — para selecionarmos, filtrarmos, aproveitarmos e apreciarmos. A tecnologia molda nossa realidade de forma indelével. Trabalhamos, compramos, relaxamos e encontramos amor em uma tela que cabe no bolso. Por mais que isso seja conveniente, ficamos perdidos em nossa compulsão por checar o feed das redes sociais, rolando a tela noite adentro. O tecnólogo Kevin Kelly explica que são precisos dez anos para que a sociedade chegue a um consenso sobre como dominar uma nova tecnologia. Por exemplo, dez anos após a invenção do celular, os fabricantes apresentaram a opção de um modo silencioso, ou de vibração. E, uma vez que as conversas reais têm dificuldade de competir até com um celular silencioso, estamos ainda aprendendo quando deixar os telefones fora de vista ou mesmo, se formos corajosos, desligá-los. Nossos dispositivos móveis atendem a três desejos, como explica a diretora fundadora da MIT Initiative on Technology and Self, Sherry Turkle, em *Reclaiming Conversation* [Em defesa da conversa]: "Primeiro, que sejamos sempre ouvidos; segundo, que possamos dedicar nossa atenção ao que quisermos; e terceiro, que nunca precisemos ficar sozinhos." Este último desejo nos rouba uma experiência de conexão crucial — com nosso eu autêntico.

Pesquisadores canadenses demonstraram que ficar olhando para telas faz com que fiquemos distraídos, distantes e exaustos. Um estudo de 2018 realizado pela Universidade da Colúmbia Britânica descobriu que pessoas que usam o celular durante interações sociais aproveitam menos o tempo com os amigos e a família, enquanto

CONEXÃO COM O EU INTERIOR

outro estudo, comandado por Sara Konrath na Universidade de Indiana, concluiu que aqueles que têm dificuldade de identificar e processar as próprias emoções usam as redes sociais com mais frequência que quem mantém contato com os próprios sentimentos. Isso é preocupante, uma vez que hoje em dia o estadunidense comum passa dez horas por dia em frente a uma tela. Continuamos olhando mesmo quando não há o que ver! Sessenta e sete por cento das pessoas verificam o celular atrás de mensagens ou outros alertas até quando o aparelho não estava vibrando nem tocando. E isso não afeta apenas o modo como nos sentimos ao longo do dia. Um estudo de 2016 da Universidade de Pittsburgh concluiu o seguinte: jovens adultos que passam muito tempo em redes sociais têm mais probabilidade de sofrer com distúrbios do sono. Tudo isso aponta para a importância de fazer intervalos regulares sem qualquer tipo de tecnologia.

Os dias de repouso tecnológico é algo que a cineasta Tiffany Shlain defende há tempos. Na websérie *The Future Starts Here*, de sua autoria, ela explica: "Amo a tecnologia, mas sinto que estou constantemente reagindo a todos e não a mim mesma. Alguns anos atrás, comecei a pensar bastante sobre o tempo. Meu pai estava morrendo de câncer cerebral e, às vezes, tinha apenas uma hora boa por dia. Isso me fez refletir sobre como o tempo que temos é escasso. Naquele período, minha família e eu decidimos nos desconectar completamente da tecnologia uma vez por semana." Tiffany se inspirou no Dia Nacional da Desconexão — um dia no ano em que as pessoas são desafiadas a dar uma pausa na tecnologia e guardar o celular em um pequeno saco de dormir no qual ele pode descansar em segurança, enquanto os Desconectados passam o tempo cuidando do jardim, conversando entre eles ou apenas descansando. Deixar meus dispositivos fora de vista se tornou algo essencial. Se eu puder ver meu computador ou meu telefone por perto, é incrível como pode ser tentador entrar nas redes sociais ou verificar meu e-mail. Ainda mais quando são três da tarde de um sábado e já estou meio cansado de ler!

Durante a semana, Shlain descreve o estado em que fica como "uma máquina de pinball emocionada", bombardeada por e-mails, ligações e alertas. Quando chega o dia sem tecnologia, "é como se uma válvula de pressão se liberasse de fatos, artigos e fofoquinhas que consumo todo dia. Me sinto muito mais equilibrada", explica. "Sinto que sou uma mãe, esposa e pessoa melhor."

Surpreendentemente, descobri que não preciso estar disponível o tempo todo. Desde que coloquei um aviso na minha assinatura de e-mail o qual dizia "Estou off-line do pôr do sol de sexta até o pôr do sol de sábado, quando guardo um dia sem tecnologia para mim", muitas vezes me perguntam se não tenho medo de perder uma ligação urgente. Até agora, nenhuma emergência ocorreu e não perdi qualquer oportunidade única. E, mesmo que perdesse uma ligação urgente, o tempo de descanso cumulativo talvez ainda valesse a pena.

Reservar um período longe da tecnologia nos dá o espaço, o tempo e a energia para nos reconectarmos com nós mesmos. Podemos desacelerar a mente e o corpo. Adoro escrever em meu diário nos dias de descanso tecnológico, anotando fluxos de pensamentos e, muitas vezes, encontrando novas ideias e inspirações à medida que meu cérebro relaxa do aperto em que foi mantido. Heschel escreve: "Não podemos nos esquecer de que isso não é algo que dê significado a um momento; é o momento que dá significado às coisas." No entanto, a não ser que tiremos o tempo longe das interrupções incessantes, não conseguimos estar presentes para esse significado. Com um descanso tecnológico, podemos, enfim, estar presentes para nós mesmos e para o significado de estarmos vivos.

Descanso dos outros

Podemos introduzir o sabá em nossa vida moderna para criar uma conexão com nós mesmos ao reservar um momento a sós. Para algumas pessoas é um banho de banheira domingo à noite. Para outras, é uma longa corrida. Seja o que for, convido você a tornar isso algo com significado e estabelecer limites bem definidos, garantindo que honre seu tempo consigo mesmo.

Meu marido aprendeu que meu sabá é mais que uma oportunidade de me afastar dos e-mails de trabalho e do Twitter — trata-se também de ficar sozinho. Generosamente, ele passa algumas horas fora de casa resolvendo pendências ou indo ao cinema, dando-me o luxo de um pouco de espaço e tempo só para mim. Apesar de, como monitor de Harvard, eu viver com 28 calouros no mesmo corredor, guardar um dia na semana me oferece pequenas férias em casa, uma chance de me recompor mentalmente e encontrar um equilíbrio espiritual.

O sabá não é um momento para pôr as tarefas em dia. Nem um simples período de descanso cuja finalidade é se preparar para uma semana agitada. É um tempo para festejar a beleza e o prazer de simplesmente ser. O sabá "não tem o propósito de recuperar a força perdida e se tornar apto para o trabalho a seguir", escreve Heschel. "É um dia pelo bem da vida [...]. O sabá não é feito para os dias da semana; os dias da semana são feitos para o sabá." Para mim, isto foi uma revelação: pensar no dia que guardo como o ápice da semana, um "clímax da vida". Comecei a ansiar pelos momentos em que leria pelo simples prazer de ler, e não pelo aprendizado ou pela produtividade. Devorei obras de ficção histórica, como os romances de Maurice Druon, e me encontrei nas aventuras de ficção científica com N. K. Jemisin. Ler durante o sabá abriu novos mundos, porque eu estava livre das barreiras que havia criado para mim mesmo. "A questão do romance é que você fica livre em sua mente", escreve o jornalista Robert McCrum em uma entrevista para a *Five Books*. "Nada o policia. A leitura realmente o liberta."

O sabá inverte algumas das histórias mais destrutivas que contamos a nós mesmos: que somos o que fazemos, que só valemos pelo que criamos. "O sabá é a inspiração, os outros dias são os inspirados", escreve Heschel. Temos permissão para sermos quem somos por completo e o espaço para mergulhar fundo em questões ou decisões difíceis. Podemos reservar um tempo para ponderar as coisas, para desenvolver os pensamentos sem interrupção. No silêncio e na solidão, redescobrimos paixões da infância. O sabá tem a ver com lembrarmos quem somos de verdade.

Pode parecer estranho no começo. Gastamos boa parte da vida pairando em uma terra de ninguém entre a solidão profunda e a comunidade verdadeira. Parker Palmer argumenta que vem daí a sensação prevalente de vácuo, de que nossa vida "alterna entre a agitação coletiva e o isolamento individual, mas raramente permite uma experiência solitária ou corporativa autêntica. Neste meio do caminho vivido pela metade, estar sozinho é solidão e nossas tentativas de comunidade são fugazes e derrotadas". O dia de repouso da agitação coletiva não apenas nos liberta da distração, mas também nos oferece um momento a sós para podermos mergulhar de forma consciente em nossas experiências, deixando a mente vagar. Já me vi pegando papel e giz de cera ou um livro de cifras. Vez ou outra escrevo um poema. Com o luxo de guardar um dia, temos a oportunidade de explorar facetas criativas que a rotina mantém guardadas a sete chaves. Na Era da Tela, há pouco espaço para a criatividade amadora. Sentimos que não temos permissão para cantar ou dançar, porque já vimos como *deve* ser

CONEXÃO COM O EU INTERIOR

quando profissionais se apresentam. Nunca temos a liberdade de aprender um ofício porque o medo de que alguém veja nosso trabalho imperfeito é paralisante. No sabá, nossa criatividade não é feita para exibição, e sim para a diversão e, talvez, até como um agradecimento pelo tempo e pela liberdade que temos.

É provável que você já faça algumas dessas coisas. No entanto, pode ser necessária uma transformação proposital para começar a pensar nesse momento como um sagrado voltado para a solidão. Convido você a mudar isso. Seja qual for sua prática, torne-a um ritual intencional. Acenda uma vela. Recite um poema. Respire fundo dez vezes. Não importa o que fizer, tente perceber como reservar esse tempo a sós o cura e suaviza. Nossa vida interior é a base da exterior. Por isso, comprometer-se com essa prática renderá inúmeras dádivas. Esta é a mudança de paradigma: momentos cotidianos podem ser a fundação sagrada da sua vida espiritual.

DESCANSO DO TRABALHO COM O PROPÓSITO DE ABRIR ESPAÇO PARA A DIVERSÃO

Embora exija um afastamento das ferramentas diárias, o sabá não tem a ver com nos privar. Na verdade, é o contrário. O que podemos aprender sobre nós mesmos quando apertamos o PAUSE no trabalho e na produtividade e abrimos espaço para nos divertir? Tradicionalmente, o sabá é um momento de alegria e completude. Comidas deliciosas, boa companhia — até o sexo é um *mitzvah* (dever religioso judaico) durante o sabá! É tão maravilhoso o sabá que, tradicionalmente, os judeus o observam por 25 horas em vez de um dia inteiro — gostam tanto do período de descanso que desejam mantê-lo por mais uma hora. É costume recebê-lo como uma rainha ou uma noiva. A casa é limpa e os membros da família se arrumam. Inspirado por essa tradição, gosto de fingir que meu sabá é como ir a um casamento real. Tenho a sorte de ser convidado e vou aproveitá-lo ao máximo! Se estiver pensando em uma prática de sabá, convido você a descobrir como pode criar alguns rituais que o ajudem a adentrar esse período de repouso e libertar seu espírito criativo ou brincalhão!

Os sabás podem durar mais de um dia — e podem, é óbvio, ser celebrados com outras pessoas. Um dos estudos de caso de nossa pesquisa para "How We Gather" foi o Camp Grounded, uma colônia de férias para adultos. Lançado em 2013, o Camp Grounded se descreve assim: "Imagine um lugar onde os adultos se liberam totalmente, ficam muito diferentes do usual, riem descontroladamente, cantam durante as refeições e ficam acordados até tarde compartilhando segredos, até adormecerem em uma tenda [...] acordando algumas horas mais tarde para [aproveitar] [...] *stand up paddle* ao nascer do sol ou yoga matinal, inúmeros artesanatos e competições bobas. Eles se fantasiam, dançam bastante, se apresentam no show de talentos, inventam apelidos uns para os outros e brincam muito. Tudo isso sem o uso de drogas ou álcool, sem usar o Instagram ou atualizar o status on-line e sem conversar sobre o que fazem no trabalho. É surreal e incrível."

Montado por Levi Felix, o Camp Grounded se valeu dos princípios do sabá e criou uma experiência de uma semana baseada nas regras descritas acima. Afastar-se da tecnologia e das identidades no trabalho permitia que os participantes se reconectassem com a criatividade inata dentro de si. Que pintassem e cantassem, rissem e fossem bobos. Escrevessem cartas a mão e se reunissem ao redor de uma fogueira. Felix criou o Camp Grounded após um problema de saúde sério, que interrompeu um regime de trabalho de oitenta

CONEXÃO COM O EU INTERIOR

horas por semana e foco total na carreira. Esse susto o lembrou de trabalhar naquilo que de fato importava para ele. Tragicamente, depois de quatro anos mágicos do Camp Grounded, Felix morreu em decorrência de um tumor no cérebro. No entanto, deixou um legado. "Ele foi um catalisador para que muitas pessoas entrassem em contato consigo mesmas e iniciassem conversas realmente importantes", explica um amigo, Andrew Horn.

Também sempre associei colônias de férias ao sabá. Quando tinha 11 anos, cheguei em uma estação de trem na zona rural da Holanda, onde monitores fantasiados nos encontraram e nos levaram de bicicleta até o acampamento. Lá, eles dançavam fazendo um trenzinho até formar uma "nave espacial", para viajarmos pelo tempo juntos. Todos os relógios do grupo foram adiantados em duas horas (para que as fogueiras pudessem ser aproveitadas mais cedo). Só depois de entrarmos no "fuso horário do acampamento" podíamos ir até o local em que nossas barracas e a fogueira nos esperavam. Não eram necessárias estruturas épicas nem jornadas distantes — podíamos adentrar uma realidade diferente por meio de um pequeno ritual e grandes doses de entusiasmo. Embora as regras e a mentalidade da colônia de férias não fossem possíveis o resto do ano, elas pelo menos esperavam nossa volta a suas doces brincadeiras e alegrias sempre que estivéssemos prontos. É isso o que Heschel queria dizer quando chamou o sabá de um palácio no tempo. Ou imagine uma linda catedral no tempo. Entramos nele com admiração e inspiração semelhantes. Na verdade, adentrar o sabá significa ir a um encontro com a realidade divina, onde quer que estejamos. Não é preciso um templo físico ou uma igreja, nem mesmo uma linda floresta. Esta é a beleza de um momento sagrado: ele se estende por todos os lugares e pode ser acessado de qualquer local

Eis a beleza do sabá para explorar a diversão: na verdade, é um tempo para se explorar. Se for parecido comigo, você descobriu na colônia de férias que não era ruim no artesanato. Talvez, por meio do sabá, descubra que tocar um instrumento lhe traz alegria, algo para o que nunca teria tirado tempo para saber se não tivesse estabelecido um período de descanso de todo o restante. É óbvio que adquirir uma nova habilidade ou dominar uma arte não é o objetivo do sabá. Não é necessário — aliás, nem recomendável — brincar com um objetivo. Hobbies não precisam se tornar atividades extras! Abrir espaço para diversão tem a ver com aprender o que desperta alegria em você e, assim, criar tempo para essas coisas especiais.

Trazendo o sabá para nossa vida

Lembre-se do que prometi no começo deste livro: você já está realizando a maioria destas práticas. Estamos apenas nos preparando para o próximo passo, que é aprofundá-las e dar intenção a elas. É provável que você já tenha algumas técnicas de autocuidado que o ajudam a encontrar um momento a sós, ou alguns truques para encontrar um instante para si. Talvez já tente limitar o tempo em que passa em frente a telas. Pode ser que faça yoga toda quinta-feira para se afastar da mesa de trabalho, das crianças ou daquilo que ocupa a maior parte dos seus dias. Meu convite é para transformar essas práticas em momentos regulares e sagrados de sabá. Coloque-as na agenda. Torne-as uma regra.

Embora eu tenha escolhido seguir a agenda tradicional, o sabá não precisa ficar restrito às noites de sexta. Podemos adentrar esse dia de repouso sempre que quisermos, apesar de a tradição recomendar um ritmo regular. Quando chega a quarta-feira, em geral

CONEXÃO COM O EU INTERIOR

já começo a fantasiar sobre minha sexta à noite sem tecnologia, que sempre inclui um banho demorado e uma rotina de hidratação especial para dar as boas-vindas ao pequeno retiro! A disciplina é essencial — e é a parte que acho mais difícil, ainda mais quando estou longe de casa. Heschel seria austero ao dar um conselho: "O que somos depende do que o sabá é para nós." Quando guardamos um dia, temos a chance de exercitar dizer "não". Ninguém vai se impor por nós. Nossos empregadores sempre ficarão gratos pelas horas extras que trabalhamos. Precisamos escolher o sabá, e isso é profundamente complicado! Muitas vezes, não quero parar. Fico preocupado achando que parar significa fracassar em algo, porque parar não faz sentido em meio às regras da competição e da cultura do progresso. Tricia Hersey, a criadora do Nap Ministry, descreve o descanso como uma forma de resistência, porque ele segue na contramão do capitalismo e da supremacia branca. "Nosso corpo é um lugar de libertação", explica em seu site. O trabalho dela se opõe à narrativa de que não estamos fazendo o bastante e deveríamos produzir mais. Parar de trabalhar nos força a seguir um conjunto de regras diferentes, assim como Felix e os frequentadores de seu Camp Grounded faziam. Nosso perfeccionista interior precisa morrer um pouco toda vez, e a morte pode ser dolorosa, até humilhante. No entanto, a promessa do repouso, de uma vida nova, de um mundo transformado sempre se cumpre. Costumo dizer a mim mesmo que o trabalho não está feito e, ainda assim, é hora de parar.

Em última análise, qualquer forma de sabá é necessária para nos conectarmos com nós mesmos. O grande escritor e monge Thomas Merton escreveu em *Homem algum é uma ilha*: "Não vivemos mais plenamente apenas por fazer mais, ver mais, saborear mais e experimentar mais que nunca. Pelo contrário, alguns de nós precisamos descobrir que não começaremos a viver mais plenamente até termos a coragem de fazer, ver, saborear e experimentar muito menos que de costume." Merton nos instiga a encontrar nosso verdadeiro eu, mesmo que essa dignidade simples esteja embalada em uma "pobreza elementar", nas palavras dele. No sabá, temos a oportunidade de nos conhecer como somos. E, com isso, vem uma grande autocompaixão. O sabá nos dá perspectiva. Nos reconecta à nossa imaginação. Podemos vislumbrar novas formas de funcionamento do mundo. "O sabá não é simplesmente a pausa que revigora. É a pausa que transforma", escreve o teólogo Walter Brueggemann.

A prática de guardar um dia será distinta para cada um. Depende muito das responsabilidades que temos e do ritmo de nossa vida. No entanto, mesmo que não possamos ficar sozinhos, é possível compartilhar o tempo de um jeito diferente ao criar um ritual com uma vela ou uma música. Podemos cantar, pintar ou dormir com um espírito de entrega. Podemos voltar a uma interioridade, em que ficamos amigos do silêncio e da solidão. Ao guardar um dia, podemos lembrar que está tudo bem e que fazemos parte da ligação invisível entre todas as coisas. Que somos amados e belos. Guardar um dia nos ajuda a nos conectar com nós mesmos ao nos lembrar de que somos profundamente bons o bastante — do jeito que somos.

CAPÍTULO 2

Conexão com os outros

FUNDADORA JUNTO COMIGO do Sacred Design Lab, Sue Phillips, explica que se conectar consigo mesmo está inextricavelmente ligado à conexão com outras pessoas. É inevitável que a pergunta "Quem sou eu?" conduza à questão "De quem eu sou?", porque quem entendemos que somos é moldado de forma inerente pelas pessoas com quem nos relacionamos. Este capítulo explora como podemos traduzir práticas antigas que nos ajudam a ser mais humanos juntos, a aprofundar a qualidade das relações que já temos e, talvez, a também abrir portas para novas conexões.

As pesquisas nos prometem que é isso o que torna a vida significativa. O Estudo sobre o Desenvolvimento de Adultos, de Harvard, que começou em meio à Grande Depressão, em 1938, acompanhou mais de setecentos homens, e às vezes as esposas deles, para entender o que torna uma vida saudável e feliz. Depois de oitenta anos de pesquisa, os cientistas concluíram que a qualidade dos relacionamentos dos participantes com os amigos, a família e o parceiro era o elemento mais importante. Os pesquisadores coletaram diversos tipos de dados. Entre intervalos de alguns anos, a equipe de pesquisa reuniu registros médicos, ressonâncias magnéticas do cérebro e entrevistas com os participantes sobre vários pontos da vida deles. Nos últimos anos do estudo, os pesquisadores também falaram com os cônjuges e filhos dos participantes e filmaram as interações no dia a dia deles em casa.

Robert Waldinger, professor clínico de psiquiatria na faculdade de medicina de Harvard e quarta pessoa a liderar a equipe de pesquisa ao longo das décadas, explica três conclusões principais do estudo. Em primeiro lugar, as conexões sociais nos fazem bem. Um em cada cinco estadunidenses afirma ser solitário. Assim, relacionamentos com a família, os amigos e a comunidade mais ampla nos ajudam a obter uma vida mais longa e feliz. Em segundo, o mais importante não é o número de relacionamentos que temos, mas a qualidade deles. Viver em meio a um conflito é profundamente destrutivo para nossa saúde, ao passo que habitar um espaço com relacionamentos calorosos nos protege. Quando examinaram os dados coletados décadas atrás, os pesquisadores descobriram que os níveis de colesterol eram menos indicativos de saúde e felicidade que a taxa de satisfação nos relacionamentos. "As pessoas que estavam mais satisfeitas em seus relacionamentos aos 50 anos eram as mais saudáveis aos 80", explica Waldinger. Nos dias em que sentiam mais dor física, os indivíduos idosos em relacionamentos satisfatórios eram tão felizes quanto nos momentos em que não sentiam qualquer incômodo. Em contrapartida, a dor física dos participantes idosos que tinham relacionamentos insatisfatórios era ampliada pela dor emocional. Por fim, o estudo concluiu que bons relacionamentos não protegem apenas nosso corpo, mas

CONEXÃO COM OS OUTROS

também nosso cérebro. Quando sentimos que podemos contar com outras pessoas em momentos de necessidade, nossa memória permanece intacta por mais tempo.

Além de atuar diariamente como cientista, Waldinger também é um professor zen. A pesquisa que conduz teve influência profunda na vida dele. "É fácil se isolar", explica, "mergulhar no trabalho e não lembrar 'Ah, faz tempo que não vejo esses amigos', então agora tento prestar mais atenção aos meus relacionamentos do que costumava".

E esse tipo de relacionamento afetuoso demanda cuidados. Como vimos, a tecnologia costuma atrapalhar. Em um texto na revista *Greater Good*, da UC Berkeley, o pediatra do desenvolvimento Mark Bertin explica que usar redes sociais "pode diminuir nossa autoestima, aumentar a ansiedade e a depressão, e, paradoxalmente, fazer com que nos sintamos mais isolados socialmente". No lugar delas, precisamos de novos meios de criar comunhão com os outros. Muitas pessoas têm esse problema: há um número crescente de livros e artigos sobre a solidão e a crise de pertencimento, como mostrei na Introdução. Um estudo realizado em 2018 com vinte mil habitantes dos Estados Unidos revelou que 27% raramente ou nunca sentem que há pessoas que os entendem de fato, enquanto apenas cerca de metade tem interações sociais presenciais diárias, como uma longa conversa com um amigo ou bons momentos com a família.

No entanto, muitas pessoas encontraram maneiras de cultivar conexões significativas com os outros, que resultam no que Waldinger identificou como "a vida boa". Em nossa pesquisa para "How We Gather", encontramos duas tendências consistentes na formação de comunidade: indivíduos se reunindo para comer e para malhar. Este capítulo se baseia em práticas antigas para criar rituais na hora das refeições e ter consciência sobre nosso corpo a fim de aprofundar essas atividades diárias de ligação com os outros como práticas espirituais.

Compartilhar refeições como uma prática sagrada

A mãe de Lennon Flowers foi diagnosticada com câncer quando Lennon estava no último ano do ensino médio. Quatro anos depois, ela morreu — bem quando Lennon estava terminando o último ano na faculdade. Natural da Carolina do Norte, Lennon se mudou para Los Angeles e descobriu que tinha poucas formas de falar sobre a mãe e a vida dela, sobre como a influência materna havia moldado a pessoa que ela se tornara e como a ausência da mãe havia tornado mais complicada a sua história familiar. "Eu não sabia como introduzir o assunto em uma conversa sem espantar novos amigos", explica ela. Quando alguém lhe perguntava sobre planos para o Dia das Mães ou o Dia de Ação de Graças, a conversa terminava de um jeito estranho. "O assunto morria e a conversa acabava."

Lennon ansiava por estar com pessoas que entendessem a experiência dela. Então, no fim de 2010, uniu-se à amiga (que, mais tarde, seria cofundadora) Carla Fernandez e ofereceu um jantar no quintal da casa que dividiam. Formado por amigos de amigos, o grupo de jovens na faixa dos 20 anos encontraram o que estavam buscando um no outro: alguém que pudesse validar a intensidade e o significado de uma experiência. Em torno daquela mesa, com aquelas pessoas, eles foram capazes de usar o que tinham vivido como um trampolim para uma vida mais abundante, honesta e aberta.

CONEXÃO COM OS OUTROS

Assim foi fundada a Dinner Party, uma das minhas preferidas entre as comunidades que estudamos em "How We Gather". O grupo de amigos começou a se reunir todo mês. Logo cinco se tornaram seis e, em pouco tempo, outros amigos e amigos de amigos pediram para entrar. Novos anfitriões começaram a reunir pessoas em São Francisco, Washington e Nova York. Hoje 270 mesas se reúnem para jantar a intervalos regulares em 95 cidades ao redor do mundo. Em geral, cada convidado leva um prato caseiro ou um alimento que, muitas vezes, traz lembranças do ente querido falecido. E, como todos no grupo estão vivendo suas vidas após uma perda, nenhum assunto é proibido. Eles podem ser tão sinceros sobre a raiva e o alívio quanto sobre a tristeza que sentem. Com o passar do tempo, a opressão imediata do luto dá lugar a uma vida em que a dor convive com a alegria. Dificuldades e promoções no trabalho, novos relacionamentos, desafios familiares — pode se falar de tudo à mesa.

Não existe melhor maneira de se construir uma comunidade do que fazer refeições em conjunto. Ao longo de milênios, os humanos compartilharam alimentos. Começaram por necessidade biológica, dividindo os despojos da coleta e da caça. Tempos depois, passaram a fazê-lo como uma expressão de afinidade. Ao compartilhar o mesmo prato, rivais em potencial podiam demonstrar que não envenenariam um ao outro. Reza a lenda que também é por isso que brindamos antes de uma refeição. Se, quando nossos copos se tocam, o líquido salta de um para o outro, podemos ter certeza de que estamos seguros! Compartilhar refeições sempre foi nosso modo de criar comunidades. Trata-se de um espaço e uma hora marcada para estarmos juntos, e o ato de comer proporciona interrupções que encadeiam a conversa de maneira orgânica ou ajudam a moderar introduções estranhas. A cineasta Nora Ephron,

94 O PODER DO RITUAL

que dirigiu meu amado *Mens@gem para você*, escreveu a famosa frase: "Família é um grupo de pessoas que comem a mesma coisa no jantar."

Alguns dos rituais religiosos mais importantes consistem em compartilhar comidas ou bebidas. Pense na cerimônia do chá japonesa, inspirada na tradição zen-budista. Ou no *langar* da religião sique, uma refeição comunitária na qual todos os estratos da sociedade comem juntos, independentemente de casta ou credo. Durante o Ramadã, os muçulmanos quebram o jejum no fim do dia com um *iftar*, ou jantar. E, óbvio, o centro da tradição litúrgica cristã é a celebração da Eucaristia, ou Ceia do Senhor. Apesar de a pequena hóstia e um gole de vinho estarem longe da refeição real que o ritual reencena, vamos aprender com algumas das lições que esta tradição oferece sobre o ato de compartilhar a comida como uma prática sagrada.

Ao sentar juntos, sinalizamos que precisamos um do outro. O teólogo cristão ortodoxo Alexander Schmemann escreve que "comer ainda é algo que vai além de manter funções corporais. As pessoas podem não entender o que é esse 'algo mais', mesmo assim desejam celebrá-lo". Schmemann oferece uma visão para criarmos nossa prática sacralizada de realizar refeições: argumenta que algo reverencial acontece quando comemos juntos. Pode parecer abstrato, mas a razão que ele apresenta para isso faz sentido quando entendemos que é baseada em uma interpretação incomum da comunhão litúrgica tradicional na qual os cristãos recebem o corpo e o sangue de Cristo. Os teólogos tendem a se concentrar no que acontece com o alimento: ele *se torna* o corpo de Cristo? Ou apenas o *simboliza*? Schmemann não faz essas perguntas. Em vez disso, escreve em *For the Life of the World* [Pela vida do mundo] que "precisamos entender que aquilo que 'acontece' com o pão e o vinho acontece porque algo

CONEXÃO COM OS OUTROS

ocorreu, antes de tudo, conosco". É porque *nós* nos reunimos — no entendimento de Schmemann, como uma comunidade religiosa — que o pão e o vinho mudaram. Nesse tempo sagrado juntos, escreve ele, "nós [...] nos colocamos além do tempo e do espaço".

Consegue perceber o eco da ideia de Heschel aqui, de que o sabá é um palácio no tempo? Da mesma forma, uma prática sagrada nos tira de nossos hábitos cotidianos e nos leva a uma presença mais profunda. Nesse caso, nossa presença é com as pessoas ao redor. E é isso o que acontece na Dinner Party. Compartilhar refeições permite uma experiência mais profunda de conexão. "Sabemos como é se sentar juntos em torno de uma mesa", explicou Lennon quando conversamos ao telefone. "Entrar em uma sala com cadeiras em círculo para uma conversa mediada é sempre mais difícil que se sentar para comer e passar a salada para quem está ao lado. Durante o jantar, você pode conversar alegremente com a pessoa mais próxima ou levar o garfo à boca se não quiser dizer uma palavra." E quanto aos que perderam entes queridos para o câncer, como Lennon, comer em grupo ganha ainda mais sentido. "Eu me lembro da perda de apetite que minha mãe viveu durante a quimioterapia. Não foi difícil apenas fisicamente. Ela teve uma enorme perda social por não conseguir fazer refeições com os amigos." Comer em conjunto afirma o simples fato de estar vivo.

Essa prática compartilhada mudou a compreensão de Lennon quanto à própria comunidade da Dinner Party. Sim, é uma comunidade que se firmou em torno da experiência do luto. Esse, porém, não é o objetivo verdadeiro. O luto é uma experiência que desconecta as pessoas. E a Dinner Party é um ritual moderno que supera essa desconexão e as ajuda a se reconectarem. A equipe de Lennon percebeu isso depois que os anfitriões começaram a receber mensagens perguntando se a morte de um animal de estimação, um distanciamento ou sobreviver a um episódio de violência sexual "contavam" como perdas para ingressar na comunidade da Dinner Party. "Percebemos", explica Lennon, "que não somos apenas um veículo para estabelecer conexões ao redor do luto por uma morte ou uma perda, mas servimos também para usar essas situações difíceis e transformá-las em experiências de conectividade". A Dinner Party lançou até uma organização guarda-chuva para ajudar a dividir os princípios e as metodologias da comunidade com outras pessoas que procuram formar um grupo em torno de questões que provocam isolamento. A mesa de jantar foi o caldeirão alquímico de Lennon, transformando o sofrimento em conexão.

A Dinner Party não é mais somente uma pequena reunião regular em Los Angeles: é uma comunidade mundial na qual indivíduos comuns criam conexões significativas uns com os outros. Cada participante pode "se juntar a uma mesa" ou se tornar um anfitrião habitual, e essa formação orgânica de comunidades criou um espaço poderoso para as pessoas se reunirem e, juntas, curarem suas feridas.

Um ritual antes de comermos

Nem todo jantar será assim. E tudo bem que a maioria das refeições seja mais rápida e casual! (Para ser sincero, de vez em quando, comer assistindo ao YouTube é exatamente o que precisamos.) Jantares de todas as formas e de todos os tamanhos podem ser um modo de estabelecer e nutrir comunidades, de refeições regulares em que cada um leva um prato a clubes do livro e noites de jogos.

CONEXÃO COM OS OUTROS

No entanto, quando queremos ter uma experiência de refeição sagrada, como definimos esse tipo de intenção? E como podemos nos certificar de que não somos os únicos com essa esperança de uma conexão mais profunda? É aqui que nós utilizamos as tradições de bênção e ritual.

Quando eu era criança, sempre que minha família se reunia à mesa da cozinha para o jantar, dávamos as mãos e cantávamos uma música simples:

> *Bênçãos sobre a flor, bênçãos sobre o fruto,*
> *Bênçãos à folha e ao caule, bênçãos à raiz.*
> *Bênçãos à refeição e paz na Terra.*

Talvez sua família também tenha uma bênção, uma oração ou um discurso simples sobre gratidão que costumam ser ditos antes de todos começarem a comer. Em celebrações especiais, como a do Dia de Ação de Graças, até quem não tem muitos rituais na vida doméstica compartilha algumas palavras de agradecimento antes de devorar a refeição. Um pequeno ritual pode transformar o momento à mesa. O simples ato de olhar nos olhos um do outro, fazer um brinde e dizer "É bom estarmos juntos!" nos lembra de que só precisamos aproveitar a presença de quem está ali conosco. Outra opção é acender velas em silêncio ou dar as mãos por alguns segundos, proporcionando a todos um momento tranquilo antes de comer.

O antropólogo Clifford Geertz escreveu a famosa frase: "Em um ritual, o mundo vivido e o mundo imaginado [...] tornam-se um mundo único." Em outras palavras, um ritual nos convida a participar de um modo de vida que talvez mal possamos vislumbrar, a ser transportados para um futuro que, ao mesmo tempo em que é preenchido com nosso propósito, permanece deliciosamente imprevisível. Este é o poder de um breve ritual antes de comer. Ele volta nossa atenção para o outro, e vice-versa — para nossa interconectividade. O ideal é que essa ênfase no relacionamento também se estenda para além daqueles reunidos ao redor da mesa, com a percepção de que dependemos das pessoas que semearam, cultivaram, colheram, separaram e transportaram o alimento. Todos nos conectamos por meio da cadeia alimentar e agradecemos às muitas mãos que tornaram a refeição possível.

Sempre que recebíamos alguém para o jantar, minha mãe acrescentava um verso à nossa pequena canção de bênção: "E bem-vinda, Amsterdã!" (Ou qualquer cidade da qual nossos convidados viessem.) À medida que fomos ficando mais velhos, minhas irmãs e eu passamos a resmungar de vergonha. Hoje, quando nos reunimos com nosso cônjuge e filhos, podemos até sentir uma ponta de ironia quando damos as mãos, mas terminamos a música felizes por termos abençoado a refeição e um ao outro. Um novo ritual pode parecer contracultural nas primeiras vezes em que é praticado, mas algumas palavras repetidas de modo simples durante as refeições podem ficar bordadas no tecido de uma família ou de uma amizade.

Mesmo quando se faz uma refeição sozinho, você pode usar o alimento para se conectar com os outros por meio do poder da imaginação que Geertz menciona. Antes de comer, observe as cores e o cheiro da comida. Então, na primeira garfada, perceba a reação do seu corpo: a saliva na boca, a fome no estômago. Enfim, ao dar a primeira mordida, aproveite o sabor e agradeça a todos que você imagina terem ajudado a fornecer o alimento. A cada garfada, tente enviar bons pensamentos a essas pessoas que você imagina.

A NECESSIDADE DE REPETIÇÃO

Embora uma refeição ocasional com estranhos possa ser íntima e estimulante, o verdadeiro poder transformador das comunidades como a Dinner Party vem do crescimento das relações ao longo do tempo. "Temos tantas histórias ensaiadas sobre quem somos", diz Lennon. "E a história real que contamos sobre nós mesmos seis meses atrás pode não ser mais verdadeira hoje. Precisamos uns dos outros para nos ajudar a reexaminar as palavras que saem da nossa boca, para refletir sobre o que está acontecendo com nosso corpo e nosso espírito." Com o tempo, construímos relacionamentos reais em que não há o que esconder. Em que a simples presença comunica o amor e o carinho que temos um pelo outro.

Um exemplo simples desse tipo de afeto é a alquimia de tempo mais proximidade. Durante três anos, Sean e eu vivemos como monitores — um título extravagante para assistentes de residência — nos alojamentos de calouros de Harvard. Em 37 metros quadrados, acima do quarto onde John F. Kennedy deu início a sua trajetória, morávamos perto de 28 adolescentes no primeiro ano de faculdade. É óbvio que havia uma ou outra festa que precisava ser acalmada e muitas conversas sobre quais disciplinas cursar, mas a maior parte do nosso esforço era dedicada a apoiar os estudantes na formação de relacionamentos significativos. Nosso trabalho era ajudar os alunos a fazer amigos nas primeiras semanas de aula, a lidar com conflitos inevitáveis com colegas de quarto, a comemorar as conquistas e a enfrentar as tragédias que vêm com a vida no *campus*. No entanto, nossa tarefa mais importante era reunir os calouros toda semana para uma refeição. Com temas como "Café da manhã no jantar", quando nos deliciamos noite adentro com panquecas caseiras e ovos mexidos, ou "Batalha do guacamole", quando testamos várias receitas do prato, essas noites em que cozinhávamos juntos eram a estratégia mais bem-sucedida para unir o grupo. Quando chegava o fim do ano, os estudantes que tinham se dedicado a construir relacionamentos — comendo juntos, ficando em casa para compartilhar histórias uns com os outros — eram os que partiam para as férias se sentindo mais conectados.

No discurso de formatura de 2008, foi exatamente isso o que a romancista Barbara Kingsolver encorajou sua turma na Universidade Duke a lembrar, ainda mais porque, naquele momento, todos partiam para um mundo pós-universitário, com estruturas habitacionais muito diferentes. Falando para ex-alunos e pais, ela reflete: "Você vivia tão perto dos amigos que não precisava perguntar sobre os problemas deles. Na verdade, tinha que passar por cima deles para entrar no quarto! À medida que você se mudava de um alojamento para um apartamento, ou o que quer que fosse, [...] teve uma vida plena, rodeada de pessoas, de todo tipo de estruturas sociais e físicas, nenhuma das quais pertencia inteiramente a você. Dizem que tudo está prestes a mudar. Que crescer significa deixar o rebanho, começar a subir a longa escada rolante rumo ao isolamento. Não necessariamente. Ao sair daqui, lembre-se do que você mais amava neste lugar. Aposto que não era [química orgânica], os esquilos enlouquecidos ou até o cereal a granel [...]. Estou falando da maneira como você vivia, em um contato próximo e contínuo. Essa é uma antiga construção social humana que já foi comum por aqui. Ela se chama comunidade."

A ironia é que, em contextos nos quais somos obrigados a estar juntos, seja em um alojamento na faculdade, seja no treinamento militar básico, formamos relacionamentos que não necessariamente precisam ser amizades. Em refeitórios por todo o país, ao fazermos isso repetidas vezes, aprendemos que não precisamos

CONEXÃO COM OS OUTROS

gostar de uma pessoa para amá-la. Cozinhar e se sentar à mesa para comer juntos, em especial quando isso se repete ao longo do tempo, é o melhor jeito de criar esse tipo de contato próximo e contínuo.

SEGUINDO UMA ALIMENTAÇÃO *KOSHER*

Sou fascinado por regras alimentares religiosas. À primeira vista, elas parecem restritivas, uma relíquia de épocas passadas. O que me interessa, porém, não é tanto quais alimentos específicos são proibidos, mas, sim, como criar normas sobre o que e com quem comer pode manter as comunidades unidas.

Como qualquer um que já tenha preparado uma refeição para pessoas com necessidades alimentares diferentes sabe, pode ser difícil escolher um cardápio que sirva para um grupo composto por veganos, pessoas que não consomem glúten, que seguem uma dieta páleo ou que são intolerantes à lactose. Por ser vegetariano, sei que é muito mais simples sair com outros vegetarianos. Assim, evito ouvir perguntas chatas sobre minhas fontes de proteína e não sinto o aroma de frango assado. Faz sentido famílias ou grupos de amigos seguirem a mesma dieta.

Pense no *cashrut* ou *kashrut*, o conjunto de leis alimentares do judaísmo. Definidas de modo mais amplo, essas regras proíbem o consumo de mariscos e de qualquer animal com cascos fendidos que não rumine — portanto, nada de carne de porco. E não deve haver mistura de carne e laticínios no mesmo prato ou na mesma mesa. Ao longo da história, essas limitações tornaram difícil a partilha de refeições com as demais pessoas externas ao judaísmo. Assim, para cumprir as leis religiosas, os judeus comiam com a própria comunidade. E, apesar de séculos de opressão violenta e realocação forçada, essas regras sobreviveram. Em certo sentido, elas transcenderam o contexto religioso original. Mesmo entre aqueles que se descrevem como culturalmente judeus (em vez de religiosamente), muitos consideram a comida o principal marcador da própria identidade judaica!

E se reimaginássemos as leis alimentares para o contexto de nossos amigos excêntricos, nosso parceiro ocupado e nossa família frequentemente frustrante? Imagine se aprofundássemos nossas reuniões e nossos jantares aleatórios, transformando-os em compromissos fixos, observando a regra de comer com o mesmo grupo de amigos em todas as noites de quinta. Ou se tentássemos expandir nossa capacidade de relacionamento almoçando com o colega de que menos gostamos uma vez por mês. Em outras palavras, apesar de não precisarmos afirmar quais alimentos podemos ou não comer, devemos adaptar o modelo, assumindo um compromisso de *com quem comer*.

Embora não seja necessária uma dieta semelhante para nos forçar a aparecer (apesar de que deve ajudar ter um grupo de pessoas com hábitos semelhantes aos seus, seja de veganos ou seguidores da dieta páleo, seja de amantes de pizza depois do trabalho), esse modelo de refeições regulares em conjunto é benéfico, porque nos responsabiliza em relação aos relacionamentos que mais valorizamos. Essa prática significa sentar-se à mesa com os outros mesmo quando estamos cansados ou de mau humor, quando somos recém-chegados e sabemos que será constrangedor ou quando brigamos com quem amamos. Significa aceitar que alguns encontros serão chatos ou desagradáveis e temos que continuar sentados. Pense nisso como uma dieta de emagrecimento reinventada. Em vez de prestar atenção aos carboidratos e às proteínas, vamos nos concentrar em quem devemos convidar para

CONEXÃO COM OS OUTROS

nossa mesa. Imagine assumir o compromisso de receber em sua casa todo domingo à noite alguém que precise da comunidade. Você conhece alguma pessoa que acabou de se separar? Ou que perdeu o emprego? Ou que tem boas notícias para comemorar? Mesmo que tenha acabado de se mudar para uma nova cidade, você pode convidar o motorista do Uber ou alguém que conheceu no metrô, o casal que mora no andar de baixo ou o caixa do supermercado. É assim que compartilhar refeições pode se tornar uma prática sagrada.

Se formos ousados, eu arriscaria dizer que reimaginar uma lei alimentar religiosa como um catalisador para um momento fixo de comer em conjunto ainda pode reivindicar a bênção da tradição. O rabino Abraham Joshua Heschel escreveu: "Talvez a mensagem essencial do judaísmo seja que, ao fazer o finito, podemos perceber o infinito. É nossa responsabilidade obter a percepção do impossível no possível, a percepção da vida eterna em ações cotidianas." Ao comermos juntos, somos lembrados de nossa conexão intrínseca e de nossa dependência em relação àqueles que nos rodeiam. A comida no prato não precisa simbolizar qualquer outra coisa além do que é: uma "linguagem de cuidado", como define a autora Shauna Niequist.

CONSTRUINDO RELACIONAMENTOS POR MEIO DE COMUNIDADES *FITNESS*

Compartilhar refeições é um método testado e aprovado para estabelecer conexões profundas com os outros. Pode se dizer o mesmo de nossa segunda prática: suar em conjunto. Em nossa pesquisa para "How We Gather", Angie e eu nos deparamos repetidas vezes com comunidades que se concentravam em práticas corporais para gerar a sensação de pertencimento. Como expliquei na Introdução, nosso estudo aprofundado do Crossfit foi o exemplo que abriu as portas e me permitiu entender como os chamados rituais seculares diários representam mudanças culturais e espirituais enormes.

Usemos como exemplo a Afro Flow Yoga, em Boston, que "promove cura, equilíbrio, paz e elevação de toda a humanidade por meio das práticas de yoga, dança, ritmos, espiritualidade e valores culturais da Diáspora Africana". Os fundadores, Leslie Salmon Jones e Jeff Jones, explicam que os praticantes se reúnem para mover o corpo, mas também para formar uma comunidade. Quando participei, antes do treino, formamos um círculo com todos os participantes para compartilhar algumas palavras de introdução e intenção. O que me impressionou foi a parte de compartilhar: muitas aulas de yoga convidam os integrantes a definir um propósito, mas raramente pedem que contem ao grupo qual é. Por sua vez, a Afro Flow Yoga adota a prática de compartilhamento para promover a construção de relacionamentos entre os participantes, e Leslie e Jeff têm uma presença calorosa que convida todos a se sentir bem-vindos. Eles projetaram a experiência da Afro Flow Yoga para que as pessoas se conectem não apenas umas às outras, mas também, atravessando o tempo, aos mais velhos e aos ancestrais.

Inspirado pelas palavras do líder pan-africano Marcus Garvey, o qual afirmou que "um povo sem conhecimento de sua história, origem e cultura é como uma árvore sem raízes", o trabalho de Leslie e Jeff contribui ativamente para a cura de traumas geracionais, em especial daqueles cujos ancestrais sobreviveram ao tráfico humano transatlântico, no qual africanos foram retirados à força de suas casas e escravizados. É possível, então, reconhecer que o propósito da Afro Flow Yoga é muito mais profundo do que apenas

CONEXÃO COM OS OUTROS

ficar em forma. É um treino do coração, um trabalho de elaboração da história. É um trabalho de cura comunitária.

Da mesma forma, a Nerdstrong Gym, em Los Angeles, vai muito além de ganhar músculos. Tudo começou em uma pequena garagem onde amigos se reuniam para malhar e, em seguida, jogar *Dungeons & Dragons* e outros jogos do tipo. O fundador, Andrew Deutsch, explica no site da academia: "Um dia, quando nos demos conta, 15 pessoas tinham aparecido. Foi aí que decidimos abrir nosso espaço e ver se poderíamos transformar alguns nerds malhando no que virou a Nerdstrong. Aqui estamos, alguns anos depois, após uma expansão do nosso espaço, com 185 metros quadrados, muitos pesos e uma das melhores comunidades já criadas." Na Nerdstrong, os treinos são enriquecidos pela inserção de histórias de ficção científica e fantasia nos movimentos físicos. O programa de treino Boss Monster, por exemplo, é para você que já quis tentar lutar contra Thanos, derrotar o Dr. Wily ou derrubar Voldemort. Andrew explica: "Sempre senti que o meu trabalho [...] era estar disponível para aqueles que a indústria fitness esqueceu. Os nerds. Os geeks. Então, a Nerdstrong é para [eles]."

Rompendo a barreira da vulnerabilidade

O que essas duas comunidades demonstram é o potencial para usarmos exercícios físicos com a finalidade de aprofundar nossa conexão uns com os outros. Ambas oferecem a criação de vínculos, o compartilhamento de experiências e ter um lugar seguro para ser quem se é (mesmo que isso signifique lutar contra um vilão da Marvel). A Dra. Jennifer Carter, diretora de psicologia esportiva do Centro Médico Wexner, na Universidade Estadual de

Ohio, explicou que "nosso corpo pode conter tensão e emoções negativas que podem ser liberadas durante a atividade física". Nosso cérebro emocional fica menos inibido quando estamos exaustos, o que significa que treinos de alta intensidade podem nos oferecer uma liberação emocional poderosa. Esta, então, é a primeira prática que podemos aprofundar por meio do exercício físico: romper a barreira da vulnerabilidade. Muitos de nós nos tornamos cínicos calejados à medida que nos deslocamos pelo mundo. Não nos permitimos sentir a alegria (e o perigo) de baixar a guarda e permitir que os outros se aproximem. Praticar exercícios físicos em conjunto pode ajudar. E isso ficou mais evidente que nunca na SoulCycle.

Bem no início de nossa pesquisa, minha colega de faculdade Zoe Jick convidou Angie Thurston e a mim para uma aula de SoulCycle. Embora estivesse estudando para se tornar especialista em judaísmo secular, Zoe explicou que "a SoulCycle é minha religião". Chegamos à entrada imaculada, cheia de mulheres com roupas de ginástica chiques e equipamentos esportivos de marca. A equipe nos deu boas-vindas calorosas — um ingrediente essencial para o sucesso da SoulCycle. Elizabeth Cutler, cofundadora da empresa, explicou mais tarde em uma aula na Harvard Divinity School que, no início, quando a SoulCycle era um pequeno estúdio escondido em um corredor escuro na West 72nd Street, em Nova York, a maneira que a empresa construiu uma comunidade foi "amando as pessoas para que elas ficassem". Mais de uma década depois, a missão é exatamente a mesma: levar alma ao povo. O site diz: "Nossos instrutores únicos e incríveis guiam os ciclistas através de uma experiência fitness inspiradora e meditativa que é projetada para beneficiar o corpo, a mente e a alma. Situados em uma sala à luz de velas, com música enérgica, nossos ciclistas

CONEXÃO COM OS OUTROS

se movem de forma sicronizada no ritmo da batida e seguem a coreografia característica de nossos instrutores. A experiência é intensa. É primeva. É divertida." Durante os 45 minutos de aula, os ciclistas permanecem unidos por meio dos movimentos corporais, cada qual girando os pedais no ritmo das batidas da música. É uma aula tanto de dança quanto de spinning, com ombros para a frente e glúteos saindo dos bancos em sincronia.

Em nome da pesquisa, Angie e eu experimentamos aulas em estúdios de SoulCycle por todos os Estados Unidos. Em West Hollywood, fizemos aula com Angela Davis, ex-atleta de corrida espetacular e, atualmente, instrutora ilustre. Fiquei surpreso ao ver que, ao contrário da maioria dos instrutores, ela não dava a aula em uma bicicleta. Em vez disso, andava entre nós, ciclistas, compartilhando a mensagem comovente do dia. Não é de surpreender que Davis seja uma pregadora habilidosa — ela fez graduação na Oral Roberts, uma famosa universidade evangélica em Oklahoma. "Tem uma bênção esperando por vocês nesta bicicleta! Vamos pegá-la!", proclamava ela. "Os anjos estão aplaudindo vocês!" Olhei em volta, espantado com a linguagem religiosa. Isso seria demais para nossa elite liberal, espiritual-mas-não-religiosa, certo? Não. Todo mundo estava animado, sorrindo e fazendo caretas de propósito, se esforçando ainda mais. Aos poucos, me permiti viver a experiência, e não apenas monitorar o que os outros estavam achando. "Hoje é o dia em que você reconhece que seu sonho é válido. Já está em você! Já está em seu DNA. A capacidade de se tornar o que você foi chamado, criado e destinado para ser está em você!" Em pouco tempo, eu estava entregue. *Sim!*, senti meu corpo dizendo. *Sou capaz disso. Vou tomar posse do que está esperando por mim!*

Com o suor escorrendo pela testa, minha mente se aquietou, e comecei a me sentir parte de algo maior que eu. Era como se formasse, com meus companheiros ciclistas, um grande coletivo — todos se movendo juntos. Eu me senti mais forte, encorajado por quem estava ao meu redor. Os gritos de incentivo vindos da frente, ecoados pelos próprios ciclistas, alimentavam a todos. Nenhuma parte daquele grande corpo coeso queria decepcionar a outra. Era isso o que Zoe havia descrito. Era por isso que dizia que a SoulCycle era a religião dela.

Após 35 minutos pedalando em alta intensidade, chegamos à subida da montanha. Essa é a penúltima música, quando a frequência das batidas diminui e aumentamos a resistência das bicicletas. Todo o estresse e a ansiedade, o medo e a dúvida estavam derretendo. Lá estávamos nós, expostos, totalmente humanos naquele momento compartilhado e comovente envolto de suor. Em quase todas as aulas, é nessa hora que o choro vem. Muitas vezes, os ciclistas não conseguem explicar por que estão chorando, mas as lágrimas surgem de repente. Nada é mais indicativo de uma comunidade tomando forma do que o fato de as pessoas se sentirem livres para chorar na frente das outras. É isso o que torna o exercício físico uma ferramenta poderosa de conexão, mesmo entre estranhos — é o nosso corpo que fala. Em uma cultura que valoriza a racionalidade e descarta a emoção como indigna de confiança, tornou-se difícil acessar nossa essência mais vulnerável apenas por meio de palavras e pensamentos. Ainda mais em público. No entanto, com nossos sentidos sobrecarregados pela música alta e pela escuridão, o esforço físico quebra as barreiras que criamos, nos abrindo para uma conexão real.

O professor espiritual e escritor africano Malidoma Patrice Somé explica que, antes de iniciar um ritual, você é dono da própria jornada. Está no controle. No entanto, "quando o ritual começa, a jornada se torna sua dona". Somé argumenta que a falta de rituais modernos

CONEXÃO COM OS OUTROS

no Ocidente se deve em grande parte ao fato de que muitos de nós temos um desejo avassalador de estar no controle, o que se opõe ao ritual. "Renunciar à sensação de controle pode ser assustador." Contudo, é exatamente isso que espaços como a SoulCycle oferecem: a experiência de se entregar. O ritual assume o comando dos ciclistas. E os instrutores também choram! Willie Holmes explicou em uma entrevista em vídeo: "Sou instrutor há menos de dois meses, mas já chorei no mínimo três vezes. Nem sei por quê. Eu não estava triste, com raiva, incomodado ou algo assim; as lágrimas simplesmente vieram. Já aconteceu na aula, depois da aula, durante o treinamento. Em toda minha vida, nunca fui assim."

Podemos começar um treino sentindo a ansiedade, o estresse, a pressão e a dor da vida cotidiana. Praticar exercícios físicos em conjunto pode nos reajustar ao nosso corpo, mas também como parte de um corpo coletivo. Nós nos lembramos de um senso de companheirismo. Aprendemos a ter empatia pela experiência do outro. Temos a sensação de fazer parte de um grupo maior, com pessoas que têm o mesmo espectro de emoções e preocupações que nós.

"Comunidades são construídas por meio do sofrimento e do riso"

Quando nosso coração chega ao estado aberto e mais disponível emocionalmente, somos capazes de refletir juntos e de modo mais profundo sobre as grandes questões da vida. Muitas vezes, os instrutores da SoulCycle perguntam aos alunos "Para quem você está pedalando hoje?" ou "O que você está pronto para deixar para trás?". Questões como essas nos ajudam a entender o sofrimento físico que sentimos — "Estou pedalando pelos meus filhos", talvez, ou "Estou pedalando pela Neha, que acaba de ser diagnosticada com câncer de mama". O que faz a mágica acontecer é compartilhar essas reflexões em conjunto. No Crossfit, vários treinos costumam ser feitos em dupla. Cada par pode ter que completar 150 burpees, e os parceiros decidem se devem dividir os burpees de maneira uniforme ou se o mais forte faz cem e o outro cinquenta, por exemplo. Na melhor das hipóteses, os dois compartilham algumas palavras de intenção antes de começarem, para elevar a prática a algo mais significativo. Uma comunidade Crossfit no interior do estado de Nova York, comandada por Lauren e Michael Plank, integrou estudo bíblico, debates e orações a um treino de sexta-feira à noite. Michael explica: "Usamos o Crossfit para ajudar as pessoas a aprender como cuidar de si mesmas [...], como formar laços na comunidade e se tornar parte de algo maior. Esse tipo de exercício físico testa seu corpo, sem dúvida. No entanto, é um enorme desafio psicológico. E, ao fazer isso com um monte de gente em volta, todas as barreiras caem." Greg Glassman, cofundador do Crossfit, gosta de dizer que comunidades reais são formadas por meio do sofrimento e do riso compartilhados.

Outro excelente exemplo desse tipo de exercício que promove a construção de significado em grupo é o Tough Mudder, um percurso de obstáculos em equipe que reúne cerca de quinhentos mil participantes por ano. O Tough Mudder cria barreiras que incorporam três tópicos: força (obstáculos que são difíceis), medo (obstáculos que parecem amedrontadores) e trabalho em equipe (obstáculos que um indivíduo não consegue ultrapassar sozinho). Um obstáculo que depende do trabalho em equipe é o Monstro do Bloco Ness. Composto por um grande corpo de água, com mais de um metro de profundidade, e um grande bloco giratório no meio, os participantes precisam coordenar movimentos para girar o bloco e atravessar a água. O rabino Elan Babchuk, meu amigo, se reúne todo ano com um grupo de amigos da faculdade para correr um circuito Tough Mudder. A equipe dele tem o nome brincalhão de "Judeu da Montanha", e o evento se tornou um ritual comunitário anual que dá a ele alguns dias longe do trabalho e das responsabilidades familiares para entrar em contato com velhos amigos queridos de uma forma muito mais profunda que um encontro de algumas horas ou um telefonema aleatório.

"Treinamos juntos durante os meses anteriores ao Tough Mudder, correndo pelas montanhas mais íngremes de Rhode Island nas horas mais terríveis, para que o momento em que nos encontrássemos ao pé da montanha de esqui no dia da corrida não fosse tão assustador. Quando chegamos ao percurso, o simples ato de superar obstáculos assustadores em conjunto e correr por cinco horas nos deu muitas oportunidades de nos conectar uns aos outros de uma maneira muito mais profunda do que conseguiríamos em outro contexto. Quando chega a terceira hora da corrida, já enfrentamos o medo de altura juntos, pensamos em nossa mortalidade, rastejamos pela lama e passamos por arame farpado. Todas as barreiras normais para uma conexão significativa foram eliminadas. As conversas passam de comentários sobre os obstáculos a reflexões sobre a vida, e essa mudança acontece sem percebermos."

A experiência do Tough Mudder é projetada para conectar as pessoas fisicamente de maneiras incomuns e desafiadoras. Elan explica: "Quando chega à Terapia de Eletrochoque na linha de chegada", onde dezenas de fios energizados pendem de uma moldura de madeira sobre a lama, "e segura nos braços dos outros para diluir o choque iminente, a pessoa sente que passou por uma transformação completa — enquanto indivíduo e enquanto um grupo de amigos".

O PODER DO RITUAL

Lógico, princípios semelhantes se aplicam a uma escalada, a um time de basquete amador ou a uma longa caminhada com um amigo ou vizinho. O essencial é encontrar uma forma de refletir sobre questões significativas em conjunto durante ou logo após uma experiência fisicamente desafiadora. Portanto, tente recrutar um amigo, marque um horário e, então — como em qualquer prática sagrada —, comece a atividade com a intenção não de queimar calorias, mas de se conectar com seu companheiro na aventura. Você pode perguntar algo como "O que o tem inspirado ultimamente?" ou "Quem o ensinou como seguir em frente nos momentos difíceis?". Isso terá um efeito cumulativo, de modo que, depois de um tempo, seu companheiro de corrida pode se tornar um amigo que leva comida quando você estiver amamentando ou estiver doente. E, caso se conecte a um instrutor ou preparador físico de um grupo, quem sabe você não pede que ele celebre momentos de transição, como um casamento! Já existem inúmeras histórias de instrutores SoulCycle, por exemplo, que oferecem liderança ritual para seu rebanho fiel.

DESCENTRANDO-SE

A última prática a se explorar por meio do exercício físico é o processo de se descentrar e se concentrar em um coletivo mais amplo e conectado. Um estudo realizado em 2012 conduzido por Russell Hoye, Matthew Nicholson e Kevin Brown mostrou que mesmo um baixo grau de envolvimento em um esporte de equipe foi associado ao aumento da conexão social para indivíduos. Embora os exemplos mais óbvios sejam esportes coletivos como o futebol, também é possível reconhecer esse sentimento se você já teve a ajuda de

CONEXÃO COM OS OUTROS

alguém para se mudar de casa — formando uma corrente humana, carregando inúmeras caixas para cá e para lá. Ou se já atravessou águas turbulentas praticando rafting, deu tudo de si em uma aula de zumba ou se soltou em uma pista de dança. Quando estamos no ritmo do coletivo, podemos nos libertar de nossa perspectiva isolacionista. Por um instante, a mentira sobre a distância entre nós é exposta, e nos lembramos de que estamos conectados uns aos outros. Nossa individualidade não desaparece, mas não nos deixamos ser totalmente conduzidos pelo individualismo. É por isso que encontrar uma comunidade de exercícios físicos pode promover um senso de pertencimento que replica o que grupos religiosos outrora realizavam. Pense em congregações cantando em conjunto ou na tradição sufi de girar em grupo.

Uma comunidade fitness que adotou a prática de descentramento é o November Project. Em especial, eles criaram uma cultura de responsabilização por meio da qual os participantes começam a deixar de comparecer para si próprios e passam a frequentar as reuniões em nome uns dos outros. Tudo começou em 2011, quando os cofundadores Brogan Graham e Bojan Mandaric, ambos ex-alunos da Universidade Northeastern, firmaram um compromisso um com o outro de se exercitar todos os dias às 6h30 durante o frio característico da época. O hábito pegou e, em pouco tempo, outros amigos se juntaram. O que começou em Boston se espalhou por 49 cidades ao redor do mundo. Comparecer um pelo outro está no cerne do que faz o November Project funcionar, porque, honestamente, quem quer se encontrar na chuva, no frio ou até na neve às 6h30 para subir e descer escada em um estádio?

O November Project desenvolveu dois rituais-chave para que os participantes possam continuar se concentrando nos companheiros e mantendo a sinceridade entre eles. Toda semana, uma vara cerimonial, conhecida como Prêmio de Positividade, é concedida à pessoa que mais beneficiou a comunidade e a cidade como um todo. Feita de um remo serrado, ela simboliza o trabalho às vezes pouco notado de conduzir um barco, mudar de direção ou remar um pouco mais para manter todos à tona. Toda vez que o prêmio é concedido, o ganhador recebe aplausos efusivos e abraços das dezenas ou centenas de pessoas presentes. É comum haver lágrimas de alegria e gratidão.

No entanto, a motivação da recompensa é apenas um lado da história. Se amigos prometerem uns aos outros que vão aparecer, mas não cumprirem com a palavra, os nomes deles são listados publicamente no site com uma mensagem de responsabilização (amorosa). Um exemplo de Nova York inclui várias fotos de Mary, que não compareceu, e diz: "Mary, ontem à noite você descumpriu um [compromisso] verbal que tinha feito com Aliza por mensagem de texto, na qual informou que a encontraria para correrem juntas até o treino. Enquanto ela esperava com frio, molhada e triste, você não saiu da sua cama quente e confortável [...]. Acho que o que estamos dizendo é que SENTIMOS SUA FALTA HOJE!!! Hoje foi um pouco mais triste porque não vimos seu rosto radiante neste dia chuvoso e sombrio."

Essas ferramentas não são inéditas, embora publicar fotos na página inicial do site de uma organização talvez seja uma novidade. Ao longo dos séculos, a reputação social vem sendo um motivador da participação congregacional em comunidades. Ela representa o compromisso com o todo, em vez de os interesses de um indivíduo. Apesar de a presença em uma congregação servir ao propósito de louvar a Deus, a reunião em si tinha a função sociológica de descentrar os indivíduos e se concentrar em algo maior. Esse foco

CONEXÃO COM OS OUTROS

transcendente e comunitário permitia que as tarefas em grupo, como a colheita, a construção de celeiros, a criação dos filhos e o enterro dos mortos, fossem realizadas com sucesso. O November Project, no qual grupos especialmente ativos se reúnem três vezes por semana, oferece um estilo de vida mais ou menos congregacional que se baseia na cultura de depender um do outro. O Prêmio de Positividade e mensagens bem-humoradas de responsabilização no site são ferramentas que afastam o egoísmo e engrandecem a conexão coletiva.

Em todas essas práticas de descentramento, é importante observar que uma comunidade forte não deve negar as individualidades. É aí que ela se torna uma seita. Entre os grupos de exercícios físicos mencionados neste livro, a personalização contínua é visível no modo como os participantes definem o próprio ritmo, peso ou intensidade do treino, por exemplo. Embora possa haver uma consistência unificadora de subir e descer os degraus da arquibancada do estádio, no November Project há a opção de galgar metade dos degraus, atravessar o estádio subindo e descendo da direita para a esquerda ou, para quem for particularmente ambicioso, dar meia-volta e repetir este último exercício. Na SoulCycle, os ciclistas comandam a resistência da bicicleta, o que significa que todos podem definir a intensidade do próprio treino. Instrutores podem convidá-los a "ir para cima", mas a escolha final permanece com cada indivíduo. Este é o princípio orientador de comunidade fitness saudável e que tem significado: uma comunidade só pode florescer quando cada membro floresce. Ninguém é forçado a renunciar sua identidade ou seu nível de habilidade e confiança.

É óbvio que o November Project, o Tough Mudder, a SoulCycle e o Crossfit são apenas alguns pontos em um mapa muito maior.

De encontros para pular corda a equipes de líderes de torcida e triatlos, da Spartan Race à Orangetheory, da Jelly Fam na quadra de basquete à cultura *rave* dos anos 1990 e à cena underground de dança de salão — todas essas atividades ajudam as pessoas a estabelecer conexões por meio de uma experiência corporal. Outra comunidade de exercícios físicos que Angie e eu estudamos em "How We Gather" e que incorporava a conexão com os outros por meio do movimento foi a dança. A Daybreaker e a Morning Gloryville, que promovem *raves* sóbrias de manhã cedo, foram dois grupos que, de forma inesperada, mostraram como as pessoas estão se envolvendo com práticas tradicionalmente místicas em espaços seculares. Reunindo-se com sucos de frutas antes do trabalho, centenas de *millennials* dançam livremente ao som de boa música, todos sóbrios. O condicionamento físico é parte do que os atrai, mas o principal fator é a alegria. Os participantes descrevem como se sentem inspirados e energizados à medida que o corpo libera uma mistura inebriante de dopamina e outras substâncias químicas que promovem bem-estar. Ao viajar pela região de Suanécia, na Geórgia, país situado no Cáucaso, para aprender música folk, senti a mesma onda de conexão enquanto participava de danças circulares tradicionais. Na verdade, é sabido que Aldous Huxley encarava a dança como algo particularmente importante para a cultura humana. A dança sagrada tem raízes antigas, do hinduísmo ao xintoísmo, passando pelas tradições dos povos indígenas das Américas, e era usada como oração ou para reconstituir mitos. "As danças rituais proporcionam uma experiência religiosa que parece mais satisfatória e convincente que qualquer outra", escreveu Huxley. "É com seus músculos que os humanos obtêm com mais facilidade o conhecimento do divino."

CONEXÃO COM OS OUTROS

PREPARE-SE: A COMUNIDADE É MARAVILHOSA E TERRÍVEL

À medida, porém, que construímos conexões com outras pessoas, preste atenção a este aviso dos sábios formadores de comunidades que vieram antes de nós — em especial meu herói Jean Vanier. Ele fundou a L'Arche, ou A Arca, uma rede global de comunidades em que pessoas com deficiências intelectuais e aqueles que prestam assistência a elas vivem juntos, compartilhando a vida sob o mesmo teto. Em vez de pensar no cuidado como um modelo centrado no cliente, a L'Arche e outros grupos como o Camphill Movement centralizam o papel da comunidade e dão a todos a responsabilidade de ser útil uns aos outros. Isso significa que todo mundo contribui do jeito que pode. Os funcionários executam as respectivas funções — contabilidade, limpeza, cuidado, planejamento de dias de visita e assim por diante —, mas também organizam apresentações teatrais e comandam cantorias. Já os membros da L'Arche que apresentam dificuldades de aprendizagem trabalham nos jardins, preparam refeições, recebem convidados, põem a mesa ou assam pães para vender. Todos cuidam uns dos outros, dignificando a si mesmos e a comunidade como um todo.

Voluntários chegam do mundo inteiro para morar e trabalhar nas comunidades da L'Arche, tendo como objetivo inicial ajudar pessoas com deficiência. É um instinto nobre, que reconheço imediatamente. Na adolescência, eu tinha o mesmo ímpeto, querendo ajudar quem precisasse de assistência (pense em Hermione tentando auxiliar elfos domésticos em *Harry Potter*). No entanto, a L'Arche evidencia que esse instinto é apenas metade da história. Ao conviver com pessoas cujas necessidades são tão evidentes e que, muitas vezes, são surpreendentemente transparentes sobre seu desejo de conexão, dando abraços espontâneos ou puxando conversa a todo momento, novos voluntários são confrontados com a própria vulnerabilidade e com os próprios desejos profundos de amor e pertencimento.

Em um dos textos mais importantes que já li, *Community and Growth* [Comunidade e crescimento], Vanier escreve que, quando entramos em uma comunidade, achamos o calor do amor estimulante. Esse sentimento de boas-vindas nos permite tirar nossas máscaras e levantar nossas barreiras para nos tornar mais vulneráveis uns com os outros. Adentramos uma era de comunhão e muita alegria. "Mas também", escreve ele, "à medida que tiramos as máscaras e nos tornamos vulneráveis, descobrimos que a comunidade pode ser um lugar terrível, porque é um lugar de relacionamento; é a revelação de nossas emoções feridas e de como pode ser doloroso morar com outras pessoas, ainda mais com algumas. É muito mais fácil conviver com livros e objetos, televisores ou cães e gatos! É muito mais fácil viver sozinho e fazer coisas para os outros apenas quando temos vontade". Sue Mosteller, da Sister of Saint Joseph of Toronto [Congregação das Irmãs de São José de Toronto], passou quarenta anos em comunidades da L'Arche e resume bem a questão: "Comunidade é a coisa mais *maravilhosa* do mundo. E também a mais *terrível*!"

A CORAGEM DE APROFUNDAR NOSSAS CONEXÕES

"Cada pessoa, com seu histórico de aceitação ou rejeição, com seu passado de dor interior e dificuldades nos relacionamentos com os pais, é diferente", escreve Vanier. "Contudo, há em cada uma um anseio por comunhão e pertencimento, mas, ao mesmo tempo, medo disso." Embora desejemos conexão e amor dos outros, isso

CONEXÃO COM OS OUTROS

é também o que mais tememos, pois obtê-los significa correr o risco de se estar vulnerável e receptivo. Temos medo de perder a liberdade por conta das relações de cuidado, de que nossa criatividade seja afetada. Queremos pertencer, mas então tememos os pequenos sacrifícios que esse pertencimento acarretará ao abrirmos espaço para outras pessoas ao nosso redor. Queremos ser especiais. Diferentes. Únicos. Temos medo da disciplina e do compromisso que serão exigidos de nós. Nos momentos de solidão, porém, sabemos que o custo de permanecer amedrontados e desconectados é alto demais. Esta é a era das comunidades. Uma era de conexão.

Na vida de cada um, existem conexões e comunidades que podem ser enriquecidas, aprofundadas: amigos com quem vamos ao cinema, times de futebol de várzea, listas de e-mail de pais da escola, vizinhos, primos. Por que não se inspirar em tradições antigas, escolher um desses grupos e se comprometer a recebê-lo para seis refeições no próximo ano? Ou se juntar a um grupo dedicado a exercícios físicos ou um clube de corrida que priorize a comunidade? Pesquise as centenas de milhares de grupos já existentes e escolha cinco perto de você para experimentar, mesmo que vá sem qualquer expectativa de retornar. Ao jantar com amigos, siga o conselho de Priya Parker em seu maravilhoso livro *The Art of Gathering* [A arte de se reunir] e cause algumas "polêmicas do bem" ao dividir uma ideia ou história estimulante e um pouco provocativa, sem exigir que os outros se exponham emocionalmente mais do que desejam. Na minha experiência, quase toda tentativa autêntica de criar uma comunidade é bem-vinda. Quem sabe quais conexões encantadoras você poderá aprofundar?

CAPÍTULO 3

Conexão com a natureza

Nossa consciência de quem somos e a quem pertencemos é aprofundada quando nos conectamos à natureza. É quando estamos cercados pela natureza que nos lembramos do que importa de verdade. Nossas experiências de chegar ao topo de uma montanha nos dão uma sensação avassaladora de admiração e um gostinho momentâneo do significado da vida. Muitas vezes, é na natureza que sentimos de forma profunda e comovente que estamos conectados a tudo ao nosso redor. Estar na natureza restabelece nossas prioridades, nos afastando do egocentrismo, da amargura e do desespero, e abre novas possibilidades e uma capacidade maior de compaixão. O contato com o mundo natural pode ser até um elemento central de recuperação para quem sofre de depressão severa. Este capítulo explora como podemos aprofundar nossa conexão existente com a natureza para que possamos sentir que estamos verdadeiramente em casa no mundo. Vamos explorar

CONEXÃO COM A NATUREZA

três práticas antigas: peregrinar, celebrar as estações e reimaginar a distinção entre nosso corpo e o mundo exterior.

Precisamos urgentemente dessas práticas. Mais da metade da população mundial vive hoje em áreas urbanas. Em trinta anos, essa proporção chegará a quase 70%. O cidadão estadunidense comum passa apenas 7% do tempo ao ar livre, de acordo com os resultados de uma pesquisa realizada pela Agência de Proteção Ambiental dos Estados Unidos. À medida que transferimos mais aspectos de nossa vida para espaços fechados, em especial para o trabalho e a diversão em frente a telas, os cientistas alertam que estamos entrando em uma era de "transtorno de déficit natural". Cunhado por Richard Louv, a expressão descreve os custos humanos decorrentes da alienação da natureza, entre eles a diminuição no uso dos sentidos, dificuldades de atenção e taxas mais elevadas de doenças físicas e emocionais.

É estranho chegarmos a este ponto. A vida e os sistemas de construção de significado de nossos ancestrais eram fundamentados no mundo natural ao redor deles. Os deuses que adoravam eram profundamente moldados pelos cenários em que viviam. Os rituais que mantinham usavam a flora e a fauna disponíveis, e os pedidos que faziam eram por um clima favorável, um rebanho forte ou uma boa colheita. Seria difícil imaginar um conceito separado de "natureza", tão profunda é a ligação entre o cotidiano e o meio ambiente. Mesmo enquanto as culturas se urbanizavam e, depois, se industrializavam, os seres humanos continuaram celebrando a mudança das estações, invocando a linguagem dos jardins ao imaginar um paraíso divino e olhando para o céu noturno em busca de orientação por meio da astrologia. Hoje, podemos tirar inspiração dessas tradições para enriquecer nossa experiência de conexão com o mundo físico e obter uma vida espiritualmente plena.

O PODER DO RITUAL

Não são apenas as tradições religiosas que estão interessadas em nossa conexão com o mundo natural. Os cientistas também concluíram que passar tempo em contato com a natureza traz diversos benefícios para a saúde. O suave borbulhar de um riacho ou o som do farfalhar das folhas nas árvores faz nosso sistema nervoso alcançar um estado relaxado, de acordo com um artigo publicado em 2017 na *Scientific Reports*, e dados revelam que as pessoas com acesso regular à natureza têm menor probabilidade de tomar antidepressivos. Gestantes que passam períodos maiores em contato com o meio ambiente geram bebês mais saudáveis, e estar rodeado de plantas pode até fortalecer nosso sistema imunológico e prevenir doenças.

Um estudo realizado pela Universidade Stanford em 2015 demonstrou que aqueles que faziam caminhadas de noventa minutos onde houvesse bastante contato com a natureza reduziam a atividade neural em uma área do cérebro ligada ao risco de transtornos mentais em relação àqueles que caminhavam em um ambiente predominantemente urbano. Outra pesquisa mostra que "banhos de floresta", a prática de passar um tempo em uma área arborizada, têm vários efeitos positivos no bem-estar humano. As populações urbanas anseiam tanto por um tempo em contato com a natureza que existe um crescimento significativo em organizações como a fazenda Blackberry, em Walland, Tennessee, que promove o Deep Healing Woods [Bosque de cura profunda], programa inspirado na prática japonesa de *shinrin-yoku*, ou banho medicinal florestal. Novas empresas, como a Getaway, estão crescendo ao oferecer pequenas casas em ambientes naturais (munidas de um cofre para guardar o celular). Apresentada como "uma experiência projetada para nos levar de volta aos nossos elementos, nos mergulhar na magia da floresta e nos desafiar a redescobrir o prazer do tédio, da solidão e do tempo não estruturado", ela se provou popular

CONEXÃO COM A NATUREZA

entre jovens das áreas urbanas dispostos a despender dinheiro em troca da beleza do ambiente natural. Na verdade, desculpas para sair de casa habitam cada vez mais a mente desses jovens. No ano passado, o *New York Times* informou que pescar era o mais recente passatempo das antigas a ganhar novos adeptos dedicados.

Eu me lembro como se fosse ontem das florestas que me ofereceram refúgio em momentos de estresse. Quando eu era pequeno, e vivia no sudeste da Inglaterra, nosso jardim dava em uma trilha que levava à floresta Ashdown. Aos 8 ou 9 anos, eu construía cabanas com samambaias e galhos caídos. Uma vez, tomado pela raiva infantil, preparei uma sacola com meio litro de leite, um pão e meu violino e corri para a floresta, planejando nunca mais voltar. (O violino, eu esperava, poderia render alguns trocados na rua...) Meu banho de floresta me acalmou, o que não é de surpreender, e voltei para casa uma hora depois.

Embora uma floresta seja o ideal, uma única árvore é capaz de nos tocar. Você talvez se lembre do que aconteceu em Melbourne, na Austrália, quando a prefeitura criou endereços de e-mail para tratar sobre árvores de toda a cidade com o objetivo de que os cidadãos pudessem relatar galhos que oferecessem algum perigo ou outros problemas. Em vez disso, os moradores da região escreveram milhares de cartas de amor para as árvores favoritas deles. Este é um exemplo típico:

Caro Olmo de Folhas Verdes,
Espero que você goste de morar em St. Mary's. Na maior parte do tempo também gosto. Minhas provas estão chegando e eu deveria estar estudando. Você não tem provas porque é uma árvore. Acho que não tenho muito mais o que falar porque não temos muito em comum, você é uma árvore e tal. Mas fico feliz por estarmos juntos nessa.

O PODER DO RITUAL

Boba, talvez, mas a última parte — "Estarmos juntos nessa" — é o tipo de conexão que as três práticas neste capítulo devem nos ajudar a lembrar. Não estamos separados da natureza, somos a própria natureza e estamos totalmente juntos nessa.

RECUPERANDO A ARTE DA PEREGRINAÇÃO

Existem peregrinações de todos os tipos.

Quase todo mundo se move de um lugar para outro. Vamos ao trabalho, à escola ou visitamos a família. Há quem passeie com o cachorro, faça uma caminhada ou vá à cafeteria preferida para comprar o melhor chocolate quente da cidade. De vez em quando, fazemos um esforço para viajar a um local com significado particular. Entramos de férias para encontrar amigos distantes, visitar o túmulo de um ente querido ou assistir ao show de uma banda ou um artista que adoramos. No entanto, será que essas jornadas simples para fora de casa poderiam formar a base de uma prática sagrada? Acredito que sim. Afinal, uma peregrinação é simplesmente uma transformadora jornada a pé rumo a um local especial ou sagrado. E com algum nível de atenção, intenção e repetição, podemos aprofundar algumas dessas viagens, transformando-as em peregrinações.

Em nosso imaginário, tais jornadas são grandiosas e árduas, em parte porque as peregrinações religiosas de fato o são! Os mapas do mundo são pontilhados por antigas rotas de peregrinação. Todo ano, mais de trezentas mil pessoas de todo o planeta percorrem o Caminho de Santiago até a Catedral de Santiago, no norte da Espanha. Em 2013, mais de 120 milhões de hindus viajaram pela Índia para o festival Kumbh Mela, no qual se banharam no sagrado

CONEXÃO COM A NATUREZA

rio Ganges. No entanto, talvez a peregrinação mais conhecida hoje seja a *haje*, a qual quase dois milhões de muçulmanos completam todo ano, seguindo os passos do profeta Maomé. A jornada é uma obrigação sagrada para todos os muçulmanos capazes de viajar e é projetada para promover laços de unidade que atravessam fronteiras geográficas e status social. As peregrinações em nossa vida, porém, podem ser tão longas ou curtas quanto precisarmos. Uma peregrinação não é definida pela distância, e sim pela transformação. Adoro a definição que os antropólogos Victor e Edith Turner deram para locais de peregrinação, como Meca e Medina: são lugares onde se acredita que milagres aconteceram, ainda acontecem e podem voltar a acontecer.

Peregrinações em qualquer escala têm mais ou menos a mesma estrutura, com três fases. A primeira é o estabelecimento de um propósito ou uma intenção. Pode ser uma cura, o marco de uma perda, uma busca por perdão, o desejo de explorar uma nova fase ou de uma transição de vida ou simplesmente a reconexão com a alegria. Pode até ser apenas a intenção de viver uma aventura — abrir espaço para que novos e inesperados pensamentos, amizades e experiências possam surgir.

A segunda fase é a jornada em si. As horas de caminhada, as bolhas nos pés, as paisagens deslumbrantes, a chuva incessante ou o sol escaldante. O trabalho enfadonho e os momentos surpreendentes de magia. As conversas com outros viajantes ao longo do caminho. Na fase final, a chegada e o retorno, integramos nossas experiências à nossa vida. Colocamos uma fotografia da viagem no porta-retratos, contamos histórias sobre as aventuras que vivemos. Talvez busquemos uma oportunidade cotidiana de estar ao ar livre, tendo passado um tempo em meio aos elementos.

Will Parsons e Guy Hayward, cofundadores do British Pilgrimage Trust, sabem tudo sobre a arte ancestral da peregrinação. Will, em especial, descobriu todos os velhos segredos de uma boa jornada sagrada por ser um trovador moderno. Há 15 anos, ele percorre as vielas e as trilhas florestais da Grã-Bretanha, acampando na floresta e cantando em troca do jantar. "É possível peregrinar a qualquer hora", diz ele, "percorrendo uma grande rota ou saindo pela porta dos fundos". Acompanhei Will e Guy em uma peregrinação de um dia pela zona rural nos arredores de Oxford, Inglaterra, em 2016. Partimos a pé do centro da cidade, deixando as ruas movimentadas para trás e seguindo o rio Tâmisa ao norte, rumo ao nosso destino: uma igreja do século XII perto da aldeia de Binsey. Nossa intenção era simples: após alguns dias trabalhando juntos em uma sala de conferências, queríamos esticar as pernas. Logo abandonamos a agitação dos turistas e da cidade e, em vez disso, lutamos com espinheiros e ervas daninhas na cerca viva ao longo do caminho.

Caminhar, em vez de optar pelo carro ou até pela bicicleta, estabelece um ritmo suave com a paisagem ao nosso redor. Minha amiga e presbítera episcopal Marisa Egerstrom gosta de dizer que isso é viajar "na velocidade do faro". Assim como um cão entusiasmado durante um passeio, notamos todo tipo de locais e cheiros interessantes que provocam uma investigação mais aprofundada. Nossa respiração desacelera. Nós nos tornamos presentes.

A peregrinação é uma experiência multissensorial. Trata-se de entrar em contato, chegar perto e tocar, olhar, cheirar, ouvir e até provar a terra à nossa volta. Na verdade, alguns anos após Henrique VIII proibir a peregrinação na Inglaterra, uma injunção tornou ilegal beijar ou lamber santuários — um sinal de que as pessoas estavam fazendo isso. Evidentemente, a intimidade com o mundo que nos rodeia tem espaço em qualquer peregrinação! Will

CONEXÃO COM A NATUREZA

nos incentivou a comer todas as frutas que encontramos e levou um frasco de água quente pré-fervida para que, quando víssemos folhas de dente-de-leão ou ervas comestíveis, pudéssemos preparar nosso chá. "É apenas mais uma forma de entrar em contato com o mundo", explicou ele.

Enquanto caminhávamos, Will nos estimulou a encontrar um pedaço de pau — um cajado de peregrino. "Carregar um cajado passa a sensação certa", justificou. "É uma das nossas tecnologias mais antigas e importantes. Se pensar na importância de outros bastões — a foice, o cetro, a lança, a cavadeira, o arco e a vara de pescar —, você começará a perceber por que ele parece tão natural na sua mão." Também é um convite literal para pegar a natureza com as próprias mãos, encontrando a vara com comprimento e força perfeitos para nos ajudar a sentir que estamos em casa enquanto atravessamos campos ou florestas. Um cajado é o adereço perfeito. Ele nos impulsiona, serve de apoio para nossa mochila pesada e comunica imediatamente ao mundo que somos peregrinos! Além disso, temos a oportunidade de ser Gandalf, o mago de *O senhor dos anéis*, por um dia.

A peregrinação é perfeita para você se os exercícios de reflexão tradicionais, como escrever em um diário e realizar práticas de mindfulness, são insuficientes. Sem rodeios, a jornalista Karin Klein explica por que caminhar funciona para ela. "Não consigo meditar porra nenhuma", escreve na revista *Yes!*. "Ficar sentada por tanto tempo, prestando atenção na minha respiração ou em uma luz branca imaginária, piora minha impaciência natural. Já caminhar me leva facilmente àquele estado tão desejado de viver 'no momento.'" As pessoas que caminham precisam ficar atentas ao local onde estão e ao que ocorre ao redor. Caso contrário, podem tropeçar ou ser vítimas de aborrecimentos como urtigas. "Ao mesmo tempo, a trilha é uma

O PODER DO RITUAL

experiência multissensorial que engloba observar flores silvestres, cheirar plantas aromáticas e ouvir o canto dos pássaros e o farfalhar de pequenos animais no mato." Klein destaca os inúmeros benefícios de se estar ao ar livre — é comprovado que a exposição à cor verde tem efeito relaxante e calmante, por exemplo. A peregrinação também pode servir para você caso se encontre sem palavras para descrever o que está passando. Podemos caminhar, em vez de falar, em meio à nossa dor. Existem vários grupos de caminhada intencional para apoiar indivíduos que perderam entes queridos, por exemplo.

Lá em Oxfordshire, não demorou muito para que nossa caminhada rural nos levasse ao nosso destino, a pequena igreja perto da aldeia de Binsey. Quando fazemos uma peregrinação, seguimos os passos de muitas pessoas que nos antecederam, de forma que a própria terra se cobre de histórias. Will nos contou a incrível lenda de Frideswide, que é lembrada na igreja. Nascida no século VII, ela fundou um convento e jurou celibato. Um rei que vivia perto, Algar, quis se casar com Frideswide, que se recusou. Reza a lenda que ela fugiu para Oxford, onde a população local a escondeu do rei furioso. Enquanto vasculhava a cidade, Algar ficou cego, permitindo que a abadessa retornasse ao convento em segurança para viver com as freiras. Centenas de anos após a morte dela, durante o saque de Henrique VIII aos mosteiros, Frideswide corria perigo mais uma vez. Como a ordem era que todas as relíquias fossem destruídas, diz-se que os ossos da mulher foram jogados no rio. No entanto, o povo de Oxford, que a protegera anteriormente, pescou os ossos e salvou novamente a santa.

Ouvir a lenda de Frideswide deu vida à paisagem a qual eu estava atravessando. Os campos deixaram de ser um contínuo monótono, apresentando-se como personagens da trama. As estradas

CONEXÃO COM A NATUREZA 129

secundárias e o rio passaram a brilhar com a história. Seria aquele o local onde os ossos foram resgatados do rio? Teria ela se escondido naquelas árvores? Não é necessária, porém, a história de uma santa para dar vida a uma paisagem. Grandes histórias de amor e perda, vingança e arrependimento podem ser encontradas por toda parte. Até o bairro residencial mais banal é repleto de histórias. Descobrir os fatos, o passado de famílias, contos de fadas ou lendas locais — faz parte do ato da peregrinação recontar e talvez reimaginar histórias que conectam nossa alma à terra. O cineasta Phil Cousineau escreve que a peregrinação existe para nos ajudar "a lembrar os mistérios que você esqueceu em casa". O poeta errante japonês Matsuo Bashō, famoso por seus poemas no estilo haikai, fala do "vislumbre do subvislumbre", uma experiência que se esconde sob a superfície dos estereótipos e do entorpecimento e por meio da qual podemos ver a realidade vibrante e profunda de uma paisagem viva e nossa verdadeira identidade.

Quando eu era pequeno, o diretor do coral local do qual eu fazia parte iniciou uma caminhada pela Grã-Bretanha, literalmente dando a volta nas Ilhas Britânicas. As histórias que ele coletou em locais que iam de penhascos altíssimos a prédios industriais deram vida à terra em que vivia. É assim que podemos reviver as paisagens: caminhando por elas e ouvindo as histórias que acumulam. Vanessa Zoltan, que apresenta o podcast junto comigo, conduz peregrinações seculares pelos lugares que inspiraram autoras como Louisa May Alcott, Charlotte Brontë e Virginia Woolf, acrescentando uma nova camada de compreensão aos romances dessas escritoras apenas por caminhar pela terra em que viveram.

Enfim, minha peregrinação com Will e Guy chegou ao seu destino: a igreja de Santa Margarida. A maior lição da minha peregrinação, porém, não foi a igreja. Quando lá chegamos, não nos dirigimos diretamente para a entrada. Em vez disso, paramos sob um enorme teixo, com mais de trezentos anos, ao lado da construção. Sua copa perene projetava uma longa sombra e se elevava sobre nós. Ali, Will nos convidou a nos reconectar com a intenção de tirar nosso corpo da sala de reuniões e levá-lo à natureza selvagem. Em seguida, ele nos instruiu a dar três voltas no teixo. A princípio, isso pareceu estranho, mas me permitiu admirar cada ângulo daquela magnífica árvore. Na terceira volta, senti que tinha estabelecido algum tipo de conexão com ela e com o local onde estava. Tive vontade de tocá-la, então me aproximei da casca áspera do tronco e a envolvi em um abraço.

Essa prática de circunvolução é uma ferramenta espiritual crucial para transformar qualquer viagem em uma peregrinação. Ao traçar círculos repetidos em torno de nosso destino, criamos um centro sagrado. Nossa jornada em si honra o que deixamos no meio. Pense nos peregrinos que circundam — nunca sobem — os sagrados montes Kii, no Japão, repletos de santuários xintoístas e budistas. Ou na Caaba, o edifício no centro da mesquita mais sagrada do islã em Meca, em torno do qual os peregrinos dão sete voltas no final da *haje*. A circunvolução nos permite ver todos os ângulos de nosso destino ou do objeto de nossa veneração.

Por fim, Will nos levou até a fonte borbulhante perto do teixo. Nela enchemos nossas garrafas enquanto ele cantava uma bênção para a água, a fonte da vida:

> *A água flui, a vida é dada.*
> *Emerge da terra, cai do céu.*
> *A água flui e então cantamos*
> *Bênçãos à fonte sagrada.*

CONEXÃO COM A NATUREZA

Quando voltamos para casa, eu tinha visto, tocado, cheirado, ouvido e até saboreado a paisagem que havíamos percorrido. Ela não era mais um cartão-postal do bucólico interior inglês. Adquirira um aspecto selvagem — e algo selvagem tinha sido despertado novamente em mim. Eu já não estava mais aprisionado por quadros-brancos e uma tela de computador!

Com a peregrinação, surgem novas possibilidades sobre quem somos e a que lugar pertencemos. Fazer uma peregrinação é como vivenciar um ponto de interrogação. Tudo é novo, mesmo que tenha sido visto antes. Uma caminhada que você já fez pode se tornar uma pequena peregrinação se você a infundir com uma abertura para se transformar durante a experiência e uma postura entusiástica e observadora. As coisas se agitam e vêm à tona quando caminhamos. Você imagina. Relembra. Questiona. À medida que nos conectamos com partes esquecidas de uma paisagem, nos conectamos também com partes esquecidas de nós mesmos. Como peregrinos, lembramos como *estar* de fato em um lugar. Malidoma Patrice Somé escreve que, quando tomamos consciência do lar que temos na natureza, nos sentimos em casa em qualquer lugar.

A peregrinação moderna não tem apenas durações e distâncias variadas, mas também intenções diversas que a motivam. É por isso que é uma ferramenta tão valiosa para nos reconectar com o mundo natural: tanto o destino quanto a jornada podem estar fora de uma igreja. Há muitos anos, meu amigo e compositor Brendan Taaffe assumiu o compromisso de, todo ano, caminhar sozinho por alguns dias pelas montanhas. Toda vez, ele leva o mesmo livro de poesia, encontra um ponto longe de qualquer ouvido humano e lê todos os poemas em voz alta para os picos majestosos e os penhascos rochosos em volta.

Sem dúvida, andar sozinho traz preocupações em relação à segurança, em especial para as mulheres, de forma que a peregrinação compartilhada é outra opção a se considerar. Junto com minha amiga aventureira Caroline Howe, viajei até a costa oeste da Irlanda para visitar o túmulo de John O'Donohue, ex-sacerdote e poeta, sobre quem eu queria escrever minha tese na Harvard Divinity School. Caroline estava se recuperando de uma lesão no tornozelo, e eu me lembro com carinho de empurrar a cadeira de rodas dela por montanhas enormes enquanto aproveitávamos a suave — e onipresente — garoa irlandesa que atingia nosso rosto. Lembro-me de colher flores juntamente com ela para pôr no túmulo de O'Donohue, a jornada enriquecida pelo fato de a realizarmos em conjunto.

Há peregrinações de formas e tamanhos improváveis. Em nossa pesquisa para "How We Gather", Angie e eu encontramos peregrinos modernos por meio do Millennial Trains Project (MTP), que levava grupos com cerca de vinte jovens líderes em uma jornada de trem através do país para aprender sobre empreendedorismo social e encarar cidades menores que foram descartadas como áreas urbanas em declínio do "cinturão da ferrugem" de um novo ponto de vista. O MTP ajudou a unir o campo e a cidade, revelando áreas tão facilmente esquecidas em torno do centro das cidades. Apesar de ser realizada de trem, e não a pé, a peregrinação era uma jornada poderosa, imbuída de espiritualidade. Quando entrevistamos pela primeira vez o fundador do MTP, Patrick Dowd, ele fez questão de enfatizar o caráter secular da jornada. À medida que nossa conversa avançou, porém, ele refletiu: "Bem, na verdade, acho que alguém abençoou o trem quando deixamos a estação." Não conseguimos evitar que nossa jornada nos transforme, de forma que possamos voltar com curiosidade e cuidado renovados em relação às paisagens nas quais passamos a maior parte do tempo.

CONEXÃO COM A NATUREZA

A peregrinação pode acontecer em qualquer lugar: uma caminhada no deserto ou uma volta pelo quarteirão, um acampamento solitário nas montanhas ou um passeio em família com os cachorros até o "parcão". O que importa é definir uma intenção antes de partir, prestar atenção ao mundo natural ao longo do caminho — usando todos os cinco sentidos, se possível — e voltar para casa com uma nova perspectiva. Talvez apenas no fim de uma peregrinação, depois de toda a preparação e a jornada árdua, possamos falar sobre como nosso relacionamento com a natureza mudou. A paisagem dialogou com nossos anseios? Conseguimos nos reconectar com nossa plenitude interior, que perdemos com tanta facilidade no dia a dia agitado? Nós nos permitimos ser acalmados e testados pelo grande lar que compartilhamos?

PERMISSÃO PARA SERMOS CRIATIVOS

Pode parecer estranho pensar em uma caminhada curta pelo bairro como uma peregrinação. Ao usarmos esse nome, pode soar como se estivéssemos pegando algo tradicional e modificando-o rápido demais. Isso é um erro. Líderes religiosos que protestam contra a mudança muitas vezes confundem tradição com convenção; presumem que um jeito de atingir um objetivo específico é a *única* forma possível de fazê-lo. (O intelectual Mark Jordan diz, brincando, que, quando alguém invoca a "venerável tradição", quase sempre se refere ao que vivenciou — ou ouviu falar — quando criança.) Thomas Merton, monge trapista e escritor do século XX, foi perspicaz ao escrever: "Examinadas de forma rasa, convenção e tradição podem parecer a mesma coisa. Mas essa semelhança superficial só torna o convencionalismo ainda mais prejudicial.

Na verdade, as convenções são a morte da verdadeira tradição e de toda a vida real. São parasitas que se agarram ao organismo vivo da tradição e devoram toda sua realidade, transformando-a em uma formalidade vazia." Foi isso o que aconteceu com tantas práticas sagradas.

"A tradição é viva e ativa", escreve Merton, "mas a convenção é passiva e morta". Embora a convenção seja apenas aceita de modo passivo e vivenciada como uma rotina, precisamos de esforço para compreender a tradição. Merton argumenta que "é fácil a convenção se tornar uma evasão da realidade", porque, por hábito, podemos cumprir rituais como sonâmbulos. Não acordamos para o significado ou a relevância do que estamos fazendo. Apenas repetimos as ações de gerações anteriores, sem questionamentos. Em pouco tempo, esses rituais se tornam um sistema monótono de gestos e formalidades. Foi assim que sempre encarei a igreja: sonolenta e irrelevante — pessoas se reunindo e fazendo o mesmo de sempre, sem conseguir explicar o significado ou o motivo, que dirá como aquilo as modificou.

Para Merton, a tradição é o *oposto* da rotina! "A tradição nos ensina a viver e nos mostra como assumir total responsabilidade por nossa vida", escreve ele. A tradição, apesar de obviamente sempre velha, é ao mesmo tempo sempre nova, porque renasce a todo momento em uma nova geração e em um novo contexto histórico, em que será vivida e aplicada de maneiras únicas e inéditas. "A tradição nutre a vida do espírito; a convenção apenas disfarça sua decadência interior."

A tradição é, portanto, inerentemente criativa! E esse espírito criativo nos liberta para transformar algo tão ancestral quanto a peregrinação em um método para conexão com espaços além de paredes, calçadas e postes de luz. Nada disso é novo: o filósofo e

CONEXÃO COM A NATUREZA

ensaísta Henry David Thoreau, que certa vez escreveu que "toda caminhada é uma espécie de cruzada", era conhecido por andar dezenas de quilômetros por dia para desfrutar a natureza e solucionar bloqueios criativos. Se estiver preocupado em como distinguir uma prática válida e significativa de uma simples caminhada, pense neste lembrete do rabino Irwin Kula: toda tradição já foi uma inovação. Nossa alma é livre para criar e inventar. As formas de honrar os mortos, celebrar a vida e receber uma criança no mundo são tão numerosas quanto os seres humanos. O simples fato de as coisas terem sido feitas de determinada maneira por um tempo não significa que elas não devam evoluir. O importante é fazermos algo que pareça vivo e nos conecte com estes quatro níveis: nós mesmos, um ao outro, o mundo natural e o transcendente. Temos permissão para criar outras práticas, adaptar as antigas e misturá-las. E temos permissão para afirmar o que já fazemos como um elemento significativo de nossa vida espiritual.

Kursat Ozenc, cofundador do Ritual Design Lab, dá conselhos semelhantes. Ele explica que cada um pode procurar rituais na própria vida para descobrir como desenvolver uma prática sagrada. "Observe o que está acontecendo naturalmente ao seu redor. Torne-se seu próprio etnógrafo", diz. "Talvez você goste de alguma atividade à qual ainda não deu um nome. Você pode ampliá-la documentando todos os rituais que executa. Pode ser algo do seu passado que você deseje voltar a fazer ou um pequeno ato que pode incrementar." Talvez haja um lago, uma árvore ou uma pedra até onde caminhar nos fins de semana, ou um parente idoso que você pode visitar e pedir que conte histórias da família. Ou então pode tentar ver uma planta ou um animal novo no trajeto diário para o trabalho.

Nas poucas vezes em que saio para correr, tento transformar algo que é difícil para mim — me exercitar — em uma oportunidade que agrega significado e conexão. Se a trilha em que estou correndo for coberto por copas de árvores, olho na direção dos galhos e digo para o Universo: "Pela glória da vida! Estou correndo por você, árvore!" Parece ridículo, mas experimente! Em um dia favorável, isso pode me animar, me fazendo sorrir de orelha a orelha. Se estiver preocupado com os transeuntes, basta olhar para o céu e oferecer seu amor em silêncio. Isso quase sempre invoca em mim um sentimento de admiração e gratidão — e a admiração sempre nos coloca firmemente no lugar. Tenho a oportunidade de correr por este mundo! É sublime!

Celebrando as estações

Essa conexão com o céu e a terra, com os ciclos naturais das estações, está desaparecendo em nossa cultura moderna e cada vez mais urbana. É óbvio que muitos de nós ainda promovemos festividades de acordo com elementos naturais, como as estações do ano; no verão, por exemplo, organizamos churrascos em que cada convidado fica responsável por um prato que se enquadre no perfil sazonal da estação. Além dessas festas, também costumamos promover piqueniques ao ar livre, que de alguma forma honram a época do ano. Nos dois hemisférios, o ciclo das estações moldou tudo, da economia ao calendário escolar. A realidade, porém, é que muita gente tem dificuldade de viver em sintonia com os ciclos sazonais, em grande parte porque é muito fácil ignorá-los. Temos aparelhos de ar condicionado e aquecedores no carro e podemos comprar abacates sempre que quisermos (ainda bem!). No entanto,

CONEXÃO COM A NATUREZA

essas conveniências significam que podemos levar a vida quase sempre ignorando as flores que desabrocham na primavera ou as gloriosas folhas que adquirem tons dourados e avermelhados no outono. Embora às vezes seja necessário colocar um casaco mais grosso ou caprichar no protetor solar, costumamos planejar o trabalho, as viagens, os procedimentos médicos e as reuniões de família de acordo com nosso cronograma. Esse estilo de vida pode até ser mais conveniente, mas desconecta muitos de nós do mundo natural. Sem um ritmo em nossa vida, perdemos nossa sensibilidade espiritual. O simples ato de celebrar as mudanças no clima e promover festas e encontros que se conectem com as estações do ano é uma forma de restabelecer nossa harmonia com o meio ambiente.

É importante reiterar que é provável que você já honre a passagem das estações de maneiras grandiosas e singelas. Meu convite é para que você aprofunde as práticas existentes e descubra novas delas para se conectar com o mundo natural. Para a maioria das pessoas, o problema é que estamos cada vez menos envolvidos com a natureza, mas a boa notícia é que não rompemos completamente os laços com ela. Dependendo de onde você mora, honrar as estações pode envolver exaltar o início da primavera, do verão, do outono e do inverno ou celebrar a monção chuvosa e os períodos de seca. Desde o início da cultura religiosa, os humanos realizam festivais marcando mudanças no meio ambiente — sacrifícios para a colheita, danças da chuva e eclipses solares como prenúncios do fim do mundo, para citar alguns.

Aprendi a marcar as estações bem cedo. Na minha cidade natal, celebrávamos em 29 de setembro a Festa de São Miguel, que significava o início da primavera. Fazíamos lanternas de papel grosso decorado com aquarelas e, em seguida, as prendíamos em varas compridas. Ao anoitecer, acendíamos as velas dentro delas e andávamos pela rua cantando. No Domingo de Ramos, comemorado na semana antes da Páscoa, assávamos pães com formato de galo e os enfeitávamos com fios de frutas ou doces presos por uma vareta de cada lado. E lá íamos nós, marchando e cantando pelos campos de golfe de Sussex. (Cantar era algo recorrente lá em casa.) Na véspera de Natal, atravessávamos campos de lama congelada para nos reunir, lanternas na mão, no grande estábulo da fazenda local, onde éramos recebidos por Peter, o fazendeiro-chefe. Distribuíam-se partituras e, durante uma ou duas horas, íamos de uma baia a outra cantando músicas de Natal para os diversos animais da fazenda. Vacas, porcos, galinhas e até mesmo abelhas recebiam uma serenata e votos de boas-festas. Depois de vários versos de "Noite Feliz" e "Bate o Sino Pequenino", nos reuníamos no aprisco das ovelhas com tortas de carne e vinho quente para ouvir Peter ler a história do Natal. Na Terça-Feira Gorda, nos vestíamos a caráter, preparávamos panquecas (algo tão popular na Inglaterra que esta data é chamada de Dia da Panqueca) e competíamos em corridas de ovo na colher.

No Dia de Maio, acordávamos antes do amanhecer e seguíamos para o brejo. Lá, enquanto assistíamos ao nascimento do Sol, com garrafas de chá quente nas mãos, dançarinos de Morris surgiam de trás das árvores e começavam a dançar ao som do acordeão. Sinos tilintavam nos pés deles, varas de madeira se chocavam em padrões complexos e lenços brancos acenavam para marcar a chegada da primavera. Mais tarde, na escola, continuávamos a comemoração do Dia de Maio trançando guirlandas de flores e fazendo a dança das fitas — uma tradição que mantenho viva até hoje. Quando morava em Cambridge, Massachusetts, eu me levantava antes do amanhecer e me dirigia ao rio, onde os foliões madrugadores

CONEXÃO COM A NATUREZA

cantavam e dançavam ao redor do pau de fitas enquanto o Sol nascia sobre o rio Charles. Minha companheira de peregrinação Caroline e eu já organizamos várias danças das fitas. Houve até um ano em que nossa festa no parque quase sucumbiu a ventos de 64 quilômetros por hora. O pau de fitas precisou ser segurado por voluntários enquanto o restante das pessoas — entre elas, passeadores de cães e pais com filhos pequenos que se juntaram à diversão — dançava alegremente em torno dele. No ano passado, viajei para a capital, Washington, onde Caroline havia montado um pau de fitas no meio de uma rotatória tranquila! Uma localização urbana perfeita, com muitos transeuntes curiosos que logo estavam dançando com coroas de flores.

E então, quando eu era criança, esperávamos até escurecer no solstício e nos reuníamos para ver a maior fogueira do ano: a Fogueira de São João. Em silêncio, observávamos a turma dos formandos se aproximar do monte de madeira seca e recitar um poema em uníssono antes de acender a enorme chama. Em seguida, eles cantavam enquanto a multidão se aproximava lentamente das labaredas e o fogo crescia. Depois da cantoria, me lembro de observar as crianças mais velhas competirem para ver quem dava os saltos mais ousados por cima da fogueira à medida que ela ia enfraquecendo ao longo da noite. Tradicionalmente, as cinzas da fogueira são espalhadas pelas lavouras para protegê-las durante o ano seguinte.

Hoje, durante os meses escaldantes de verão, Vanessa e eu vamos nadar à noite. O trajeto de carro até nosso lago secreto em uma noite de verão tem uma promessa de renovação. Suado após um longo dia, nosso corpo anseia pelo frescor da água e pela maciez da areia. Depois de nos despir, corremos para o lago, gritando de alegria. Em seguida, vem a euforia da imersão; nosso corpo está em casa! Em algumas noites, simplesmente flutuamos em silêncio, olhando as estrelas. Na maioria das vezes, esqueço as lentes de contato e só consigo enxergar uma névoa indistinta. De qualquer forma, nossos ombros relaxam. Os problemas do dia parecem se dissolver na água.

REIMAGINANDO UM CALENDÁRIO LITÚRGICO

À medida que escavamos pedaços de cultura religiosa que se enfraqueceram para muitos de nós, podemos pensar em marcar celebrações da mesma forma que as congregações o fazem, por meio de um calendário litúrgico. Esse calendário marca os ciclos de festas e outras celebrações ao longo do ano, não apenas lembrando aos fiéis dos feriados religiosos, mas também os ancorando em ciclos de temporadas. Há algo maravilhosamente reconfortante no tempo litúrgico. Ele não é linear como nosso calendário cívico, em que os números crescem todo ano. Em vez disso, o tempo litúrgico é um círculo eterno. Adoro saber que, tendo sucesso ou fracassando em qualquer empreendimento ou relacionamento, o tempo litúrgico, juntamente com as estações, sempre retornará. Isso não significa que ele é sempre igual, então talvez ele seja mais bem descrito como uma espiral, em vez de um círculo. O mundo natural, porém, nos ensina que nossa curta vida acontece em meio a uma cadência celestial. Isso ajuda a dimensionar problemas e ambições, perdas e anseios. O teólogo estoniano Alexander Schmemann até argumenta que viver um calendário litúrgico pode nos ajudar a descobrir nosso poder. Como o tempo litúrgico é repleto de dias de festa, viver esse calendário nos oferece pausas naturais em nossa cultura de esforço e esgotamento. "O mundo moderno relegou a alegria à categoria de

CONEXÃO COM A NATUREZA

'diversão' e 'relaxamento'", escreve ele. "Ela é justificável e permissível em nosso tempo livre; é uma concessão, uma transigência." No entanto, de acordo com Schmemann, deixamos de acreditar que a celebração e a alegria têm alguma relação com os problemas sérios do mundo. Na verdade, marcar intencionalmente um calendário litúrgico pode ser uma resposta aos problemas que enfrentamos todo dia. Para Schmemann, comemorar a chegada das estações é uma forma de gerar poder, coragem e entendimento. Em face de todos os nossos infortúnios contemporâneos, celebrar esses momentos sazonais é uma maneira de gerar alegria.

Lógico, os festivais com os quais cresci vêm do norte da Europa e estão associados a elementos da história cristã. No entanto, você pode se basear na própria ancestralidade e em suas raízes culturais. Qualquer que seja sua crença, essas práticas se tornam mágicas em nossa memória. A beleza, as paisagens transformadas, as risadas — tudo isso traz conforto à mente. Saber que esses festivais retornam todo ano oferece solidez e dá boas-vindas à progressão do tempo. A freira beneditina Joan Chittister se refere à repetição do calendário litúrgico como "um exercício de amadurecimento espiritual". Embora os festivais não mudem, nós mudamos. Nossa vida cresce com o fermento da celebração. O ano ganha vida na nossa imaginação — há sempre algo para aguardar com animação.

Passe algum tempo refletindo sobre quais festivais você talvez queira comemorar, ou como aqueles que você já celebra podem ser aprofundados, tornando-se significativas pontes de conexão com a natureza. Talvez esses festivais marquem momentos que você compartilhava com sua família — Eid-al-Fitr, Dia de los Muertos, Natal, Ano-Novo ou Festa de São João. Pode ser que você se inspire em comemorações cívicas ou esportivas — Olimpíadas, Dia dos Namorados, a abertura da temporada de futebol, ou talvez você se esforce para dar uma festa no início de cada estação — primavera, verão, outono e inverno. E você pode escolher se deixará isso explícito, com atividades e decorações, ou manterá o motivo de suas festas trimestrais em segredo litúrgico.

Sei que preciso comemorar especialmente quando os tempos estão difíceis. Fevereiro já é um mês difícil, mas, em Boston, os primeiros sinais da primavera só aparecem nos últimos dias de março, então o fim do inverno é a época de que menos gosto. Portanto, desde que me casei com Sean, me alegro com o fato de que março é também o auge da temporada de basquete universitário. Torcer pelos Wildcats do Kentucky, enquanto tento entender algumas das regras do basquete, tornou-se uma tradição anual. Mesmo que eu não acompanhe a equipe no restante do ano e não tenha muitos pontos em comum com a cultura dos meus sogros, que são torcedores ferrenhos da Big Blue Nation, esse é um momento em que me uno a longas correntes de mensagens de texto para compartilhar a animação e as inevitáveis amarguras do basquete. O torneio de março da Associação Atlética Universitária Nacional (NCAA, na sigla em inglês) se transformou, para mim, no sinal de que o inverno logo chegará ao fim e tudo ficará bem.

Além de dar as boas-vindas às estações ou reverenciar certos feriados que marcam um novo ciclo do ano, pense em como você pode integrar a natureza a outras celebrações. Na parte mais britânica de nosso casamento, meus pais pediram que todos os convidados levassem botas ou sapatos adequados para caminhar. Como a festa ocorreu em agosto, queríamos incorporar a época do ano às festividades. Antes de servir o bolo, fizemos uma longa caminhada na floresta atrás da casa de meus pais. Assim como se sentar à mesa de jantar, uma caminhada permite que as pessoas conversem tranquilamente, sem pressão. É possível ir pulando de uma conversa a

CONEXÃO COM A NATUREZA

outra, ou simplesmente passar um tempo sozinho. A paisagem pela qual se caminha dá vida à celebração.

Há muito a se extrair de tradições antigas para criar celebrações sazonais modernas, mas também existem comunidades e rituais contemporâneos que já estão realizando esse trabalho. Um número crescente de grupos de mulheres, homens e LGBTQIAPN+ se reúne em torno do calendário lunar, estabelecendo um ritmo regular de encontros e espaços para intimidade e conexão. Baseando-se na tradição, um desses grupos — o At the Well — conecta mulheres ao corpo, à alma e à comunidade por meio de ensinamentos sobre o bem-estar e a espiritualidade judaica. Sarah Waxman e sua equipe dão nova vida ao calendário hebraico em toda sua glória cíclica e lunar para celebrar uma nova versão do Rosh Chodesh, o dia seguinte a uma lua nova. Reunindo-se todo mês, círculos Well em todo o país dão a mulheres um espaço para se conectar, aprender e ser escutadas. A cada mês, a comunidade elabora um novo Manual Lunar para os círculos usarem, repleto de histórias inspiradoras, exercícios criativos, receitas e poemas — todos coletados de líderes femininas do mundo inteiro.

Outras comunidades, como o Artisan's Asylum em Somerville, Massachusetts, adaptam festivais anuais tradicionais para criar um calendário comunitário próprio. Todo ano, os joalheiros, artistas de impressão 3D, marceneiros e outros artistas que utilizam o ateliê se encontram para celebrar o Dia de Ação dos Artesãos durante a temporada de Ação de Graças. Cada um leva um prato e oferece algo que criou na oficina naquele ano, dando origem a um verdadeiro banquete de criatividade. A temporada de outono ganha um novo significado para esses artistas: é um tempo para mostrar e comemorar o trabalho feito ao longo do ano.

O poder dessas celebrações não reside em realizá-las apenas uma vez. A sabedoria de marcar as estações é que retornamos a elas ano após ano. Ao fazer isso, percebemos coisas na natureza que talvez não tivéssemos notado antes. Podemos ficar de olho nas folhas que se avermelham, avisando que o Dia de Maio se aproxima. Talvez notemos que o Sol está mais baixo no céu do que na semana anterior, lembrando que o equinócio de outono está chegando. O cheiro de folhas caídas ou de grama recém-cortada, as sombras mais longas ou vislumbres de filhotes de cervo e o som de um pintassilgo ou de um riacho caudaloso nos informam em que ponto do ciclo da natureza estamos. Você provavelmente percebe sinais únicos. As celebrações que realizamos a cada ano nos lembram de prestar atenção ao tempo sazonal. Sabemos que a tradição se enraizou em nós quando nossos filhos, amigos ou família começam a comemorar o momento mesmo em nossa ausência. Por exemplo, quando era pequeno, ia ouvir a "Paixão segundo São Mateus", de Bach, toda Sexta-Feira Santa. Até hoje, apesar de morar longe da minha família, faço questão de escutar todas as três horas dessa obra do período barroco ao menos uma vez antes da Páscoa. O feriado simplesmente não seria o mesmo sem isso.

Celebrando a natureza quando se vive na cidade

Das quatro conexões, a que é realizada com a natureza é a mais desafiadora para mim. Moro em uma cidade, onde preciso de muito esforço para me retirar do ambiente construído. As hordas de turistas que passam toda manhã pela minha janela fazem com que seja difícil me concentrar no sol suave da manhã. Ainda as-

CONEXÃO COM A NATUREZA

sim, se formos intencionais, retornar à beleza natural não exige viagens distantes ou vistas deslumbrantes. Por exemplo, há uma árvore solitária em frente à minha janela, no centro do jardim de Harvard. É uma árvore comum, não muito alta nem encorpada. No entanto, comecei a pensar nela como um testemunho de beleza e do selvagem no meio do cimento e dos edifícios da cidade. Toda manhã, quando me sento na minha almofada de meditação, passo um minuto observando a árvore. Eu me apaixonei um pouco por ela — tanto que a mentalizo até quando estou viajando, meditando em um quarto de hotel ou hospedado na casa de amigos. Ao prestar atenção nela toda manhã, percebo os sinais sutis da passagem do tempo. Assim como celebrar as estações, apenas observá-la todos os dias me dá um ritmo.

Quando observamos a natureza, tudo depende do nosso olhar. Vemos uma localização (um espaço morto) ou um universo vivo (uma paisagem cheia de possibilidades)? O mundo exterior se torna uma metáfora para nossa paisagem interior desconhecida. Às vezes, a árvore sem folhas na chuva monótona e cinzenta da manhã representa minha tristeza de um jeito que eu ainda não tinha encontrado palavras para descrever, ou vislumbro um pássaro em seus galhos, voando de galho em galho, espelhando o movimento contínuo do meu cérebro. Assim, podemos encarar o mundo natural como um texto sagrado, "relendo" a vista de uma janela repetidas vezes para encontrar novas conexões, novos significados. Tente isso comprando plantas para sua casa ou sua varanda e concentrando seu olhar nas nervuras de uma única folha. Anna Murray, cofundadora da Patternity, chama isso de "meditar no micro". Você pode meditar sobre o macro ao encontrar um lugar no qual pode ver o céu mudar ao anoitecer, retornando ao ritmo natural da Terra.

John O'Donohue escreve que prestar atenção na beleza do mundo cultiva o sagrado dentro de nós. "A beleza nos atinge de um local inalcançável. Ela captura nossa atenção porque encontra eco na sensação do além que já existe em nós. Nesse sentido, a beleza é a visitação ideal, estabelecendo-se imediatamente naquele 'outro lugar' dentro de nós." Pense em Anne Frank observando um pequeno pátio a partir do anexo secreto em que estava escondida. Por dois anos, ela olhou para o mesmo pequeno quadrado de céu, pássaros e castanheira e foi de algum jeito capaz de evocar uma vida interior magnífica à medida que as garras da ocupação nazista e a traição dos vizinhos se aproximava cada vez mais.

Pode ser que essa disciplina de perceber a natureza em meio às restrições do concreto nos ajude a desenvolver um olhar mais atento. Na aula de biologia do ensino fundamental, me deram um quadrado de arame de um metro, e tive que contar quantas espécies de plantas conseguia encontrar dentro dele. De repente, cada folha de grama ganhou muita importância. Um novo mundo surgiu: margaridas, dentes-de-leão, alho-mostarda, um cardo perdido. Até uma joaninha e uma mosca. Isto é o que é necessário para aprender a prestar atenção à natureza mesmo quando não temos nem uma árvore no quarteirão para nos dizer quando a primavera se aproxima: deleitar-se com as evidências das estações que conseguimos ver. Como diria o rabino do século XVIII Nachman de Breslov, em um simples gramado até a grama pode despertar nosso coração.

Mesmo que não possamos sair de casa, a natureza pode ir até nós. A cada estação que passava, minha mãe decorava uma pequena mesa na entrada da nossa casa. Nela, havia livros ou uma pintura que representasse a época do ano — digamos, com cogumelos no início do outono. Ou, na primavera, galhos lon-

CONEXÃO COM A NATUREZA

gos dos quais pendiam ovos de Páscoa com decoração caseira. Abóboras grandes perto do Halloween. Uma enorme guirlanda de sempre-vivas e azevinho em dezembro. Hoje, em vez de uma mesa com elementos da natureza, meu marido faz arranjos com flores e verduras: ranúnculo cor-de-rosa, peônias brancas, gramíneas altas, ervilhas-de-cheiro. Elas também anunciam o ritmo da passagem das estações. Descobri que um simples buquê de flores colhidas a mão pode nos encher daquilo que o escritor escocês Richard Holloway descreve como "a sensação inescapável de que, embora não se explique, o Universo parece saber que estávamos chegando". Que de alguma forma pertencemos ao Universo, que testemunhar a beleza da natureza é uma volta ao lar, trazendo um senso de plenitude e certeza para nossa vida.

O MUNDO COMO AMANTE, O MUNDO COMO EU

Um dia, quando tinha 8 ou 9 anos, cheguei da escola e encontrei 12 adultos fingindo que eram cenouras no nosso quintal. Eles começaram agachados no chão, encolhendo-se o máximo possível, e, aos poucos, se esticaram e ficaram na ponta dos pés. A líder do grupo era Jutka Harstein, uma amiga húngaro-israelense da minha mãe. Ela queria dar aulas de culinária, então minha mãe ofereceu nossa cozinha. Doze pessoas passaram a se reunir lá para aprender a fazer goulash e hambúrgueres vegetarianos perfeitos. (Vinte e cinco anos depois, nossa família ainda fala sobre eles.) A genialidade de Jutka era que ela nunca desperdiçava parte alguma do alimento. Cascas de vegetais se transformavam em um estoque de sopa para o dia seguinte ou em uma vitamina refrescante. Para transmitir essa mentalidade, ela não começava as aulas de culinária explicando sobre facas e temperaturas de aquecimento. Em vez disso, convidava todos a incorporar o próprio alimento. Cada aluno precisava interpretar o ciclo de vida de uma cenoura a fim de compreender os dons nutritivos que ela pode oferecer. Daí surgiu o exercício em grupo no quintal!

O que essa prática revela é uma mudança crucial de paradigma que pode ser difícil de entender no século XXI. Até agora, analisamos hábitos que nos ajudam a estabelecer conexões com nosso corpo e o mundo natural. Essa prática final, porém, pede algo diferente. Em vez de nos ver como seres separados do mundo que habitamos, podemos nos entender como a paisagem em si.

Joanna Macy, grande ativista ambiental budista, explica que "se tivermos coragem de amá-lo, o mundo em si age através de nós. Ele não nos pede que sejamos puros ou perfeitos, ou que esperemos até nos desapegar de todas as paixões, mas apenas que cuidemos e aproveitemos a intenção doce e pura de nossas paixões mais profundas". Ela apresenta quatro visões de mundo através das quais entendemos nossa relação com o mundo natural — duas delas dominam nosso pensamento hoje e as outras duas podem transformar nossa compreensão de nós mesmos e mudar o comportamento destrutivo de nossa espécie.

A primeira é pensar no mundo como um campo de batalha no qual as forças do bem e do mal se enfrentam. Nessa visão, a terra é um recurso a ser explorado e moldado para atender a nossos desejos. A paisagem natural é um cenário para as tramas humanas, e qualquer dano é um infeliz efeito colateral de nosso propósito maior. Pense no que você vê nas manchetes dos jornais ou preste atenção aos discursos da maioria dos empresários e políticos. Nesse paradigma, preservar "o meio ambiente" vai na contramão das metas de crescimento da economia, então a mineração a céu

CONEXÃO COM A NATUREZA

149

aberto, a perfuração e o despejo de resíduos são, infelizmente, uma necessidade. A versão desse quadro em menor escala é enxergarmos nossa vida como separada do mundo natural. Podemos visitar paisagens naturais durante as férias, por exemplo, mas em geral a natureza está "lá fora", longe de nós.

Macy identifica a segunda comparando a visão do mundo com uma armadilha. Nele, qualquer apego à realidade física é um impedimento para nossa grande jornada espiritual. Pense em pessoas espirituais autoconscientes que desprezam as realidades terrenas porque se concentram puramente em uma "consciência superior". Essa visão segue uma leitura simplista da tradição platônica, na qual o que existe de mais real é o reino não físico. A terra é um belo cenário para nossa iluminação individual. Se examinarmos mais de perto, isso não faz muito sentido, nem mesmo está de acordo com a metafísica budista. Buda ensinou o desapego do ego, não do mundo. "Tentando escapar de algo de que dependemos gera uma relação de amor-ódio com ele. [Isso] inflama um desejo de mão dupla — destruir e possuir", explica Macy em seu livro *World as Lover, World as Self* [O mundo como um amante, o mundo como um indivíduo, em tradução livre].

Essas duas formas de pensar moldam grande parte da nossa realidade. Para tentar proteger as florestas e os rios do uso industrial, ativistas ambientais precisam demonstrar o valor econômico desses "recursos", a fim de que sejam considerados valiosos para nosso sistema econômico obcecado com o crescimento. Quando acreditamos que o propósito da natureza é servir às nossas necessidades — ou quando a vemos como um obstáculo para nosso sucesso —, a condenamos à destruição. Nós nos concentramos no crescimento espiritual individual sem compreender a interconexão de todas as coisas.

Em vez disso, argumenta Macy, podemos pensar no mundo como nosso amante. "Quando vemos o mundo como amante, cada ser, cada fenômeno, pode se tornar [...] uma expressão de um impulso erótico contínuo." O vento que bate nas árvores sussurra nosso nome. As ondas que quebram acariciam nossa pele. Aquele chá de peregrino é uma carta de amor da terra. Essa mudança de paradigma pode ser desafiadora. Como um parceiro que passou muito tempo longe do cônjuge, pode parecer excessivamente íntima, até mesmo conflituosa. Essa forma de pensar nos desafia a estar presentes na natureza com muito mais frequência, porque aprenderemos a amá-la de novo.

Em 2008, tive a sorte imensa de me juntar a um grupo de vinte jovens em uma viagem de dez dias ao Ártico, promovida pelo World Wildlife Fund (WWF) para aprendermos sobre os impactos do derretimento do gelo no mar. Eu já tinha ouvido falar sobre o polo Norte, é óbvio, e entendia por alto como a perda de massa de gelo causaria a elevação dos mares ao redor do mundo. Após palestras de cientistas e visitas de campo para compreender as mudanças em primeira mão, o que realmente ancorou meu entendimento foi ver um urso-polar brincando na neve. Do convés do barco, usando apenas uma camiseta por causa do calor exagerado do Sol, eu me apaixonei completamente pelo Ártico, das pequenas flores roxas até as enormes geleiras. Voltei munido não apenas de uma compreensão robusta da ciência do clima, mas também de um amor intrínseco por aquela paisagem preciosa, que está prestes a desaparecer dentro de algumas décadas. Você também pode pensar em como os povos indígenas da reserva de Standing Rock se autodenominaram "protetores", e não "manifestantes", quando impediram por um tempo que um oleoduto fosse construído nas terras deles. Eles estavam protegendo o valor inerente a elas.

CONEXÃO COM A NATUREZA 151

Na Austrália e no Canadá, é comum que eventos públicos comecem com um reconhecimento do que está ocorrendo em terras indígenas. Os Estados Unidos têm uma longa e dolorosa história de apreensões de terras que não apenas roubou dos povos originários o direito ao solo e à livre movimentação, como também destruiu valiosas conexões espirituais com os locais e as identidades deles. O Departamento de Artes e Cultura dos Estados Unidos, uma rede de ação popular, tem um belo conjunto de ferramentas para honrar terras indígenas durante reuniões — debates, conferências de negócios e até casamentos. Na abertura de encontros para "How We Gather", adotamos a prática de homenagear a terra indígena. Na minha experiência, isso muda as formas como nos relacionamos com o local que estamos visitando. Reservar um momento para um testemunho do lugar e das pessoas que o habitaram dá a um evento um significado mais profundo e um contexto mais amplo. Sem dúvida, faz muito tempo que tradições religiosas e culturais reverenciam espaços naturais. Santuários xintoístas ladeiam os pés do monte Fuji; o povo chaga, da Tanzânia, reverencia o monte Kilimanjaro; e os gregos antigos veneravam o monte Olimpo.

Mais recentemente, milhões de pessoas se apaixonaram pelo mundo natural ao assistir às séries *Planeta Terra* e *Planeta Azul*, da BBC. As imagens incríveis dão vida a lugares escondidos do mundo, tornando-os mais que meros objetos de interesse. As plantas e os animais mexem com nosso coração, despertando amor e o desejo de protegê-los. Quando assistir a um programa que provoca esse tipo de reverência e conexão, tente fazer com que o sentimento perdure escrevendo em um diário ou respirando de forma consciente para se lembrar da sensação de conforto profundo. Ou, se tiver um animal de estimação, tente estender o amor que sente por ele a todos os animais e seres vivos.

O quarto e último paradigma que Macy nos convida a examinar é a visão do mundo como parte de nós. A natureza não é mais algo externo, uma paisagem para admirar ou até amar — em vez disso, nós *somos* a natureza. Somos o próprio mundo. O grande ativista ambiental John Seed personifica isso quando diz: "Tento lembrar que não sou eu, John, tentando proteger a floresta tropical. Na verdade, sou uma parte da floresta tropical que está se protegendo. Sou a parte da floresta que emergiu há pouco tempo sob a forma de pensamento humano." É desestabilizador pensar assim, mas acredito que cada um de nós já vivenciou algo parecido em algum momento: o lampejo da misteriosa sensação de estarmos em casa quando olhamos para o céu noturno, o sentimento mágico de sermos ao mesmo tempo insignificantes de tão minúsculos e tão infinitos quanto o Universo em meio a uma vasta paisagem. Esse mundo dual é onde Macy gostaria que vivêssemos. Nessa mudança de identidade, passamos de um "eu" isolado "a uma noção mais ampla do que somos". Esse paradigma é conhecido como ecologia profunda, e é exatamente o que Jutka estava ensinando ao fazer com que seus alunos de culinária fingissem ser cenouras. A representação física do mundo natural nos ajuda a mudar nossa mentalidade, lembrando-nos de que, em uma sabedoria cósmica maior, *somos* a cenoura!

Sei que, se não tomar cuidado, eu abafo a tristeza que sinto quando leio sobre um derramamento de petróleo, a fome dos ursos-polares ou a imensa perda de espécies pela qual estamos passando. Depois de apenas três anos de ativismo em tempo integral, mobilizando jovens em torno das metas de mudança climática da ONU, a dor se tornou insuportável e fiquei esgotado. Eu me senti um idiota por me envolver tanto emocionalmente, mas como é possível isso não acontecer? À medida que adentramos uma

CONEXÃO COM A NATUREZA 153

consciência mais profunda do mundo natural, é um pouco reconfortante saber que, mesmo enquanto ocorrem mudanças radicais no clima e um longo período de escassez de água, crise alimentar e refugiados climáticos se aproximam, a Terra em si se estabilizará com o passar dos milênios. Infelizmente, a sobrevivência da espécie humana já é outra história.

Nossa cultura dominante abre pouco espaço para essa ansiedade e tristeza relacionadas ao meio ambiente, e aprendemos a desligar essa empatia inerente, afastando-nos do nosso entorno. Em seu ensaio "Ecology and Man" [Ecologia e homem], o ambientalista Paul Shepard explica que isso é contrário à nossa biologia inata. "Nossas formas de pensamento e nossa linguagem nos encorajam a enxergar nós mesmos, uma planta ou um animal como um saco isolado, um objeto, uma subjetividade contida, ao passo que a epiderme é ecologicamente semelhante à superfície de uma lagoa ou ao solo de uma floresta. Ela não é uma casca, e sim uma delicada interpenetração." As fronteiras que nos ensinaram a enxergar são, na verdade, portais de conexão. Uma prática simples para se reconectar com esse entendimento é verbalizar a paisagem onde você está como se estivesse falando por ela, como exemplifica John Seed: "Eu sou o lago e o lago sou eu", ou "O vento passando pelos meus galhos é frio".

Sentindo-se em casa no mundo

Tenho certeza de que você já tem as próprias maneiras de se conectar com a natureza, e sem dúvida essas práticas podem enriquecer profundamente sua vida espiritual. Talvez você se concentre em honrar os elementos — ar, terra, água, fogo — pelo mundo, mergulhando de penhascos ou se sentando em volta de uma fogueira, ou pode ser que crie espaços para homenagear os elementos em casa, acendendo uma vela, tomando um banho, praticando técnicas de respiração consciente ou cuidando de uma planta. Talvez comemore o Ano-Novo Chinês ou o festival japonês do Tanabata, costurando desejos escritos em pedaços de papel colorido e pendurando-os em bambus ou árvores. Pode ser que saia para caminhar no Natal ou dê um mergulho na véspera do Yom Kippur. Talvez visite uma árvore específica toda vez que leva o cachorro para passear ou sai para correr. Ou comece a praticar jardinagem ou fazer arranjos de flores. Talvez crie uma mesa natural própria ou um altar com suas conchas, penas, pedras e flores secas favoritas. Independentemente do que já pratica ou quer experimentar, inspire-se no contexto da paisagem no seu entorno.

Você também pode refletir sobre seus lugares sagrados naturais. De onde você veio? Onde está a história da sua família? Que lugares o definiram? Você pode fazer uma jornada de cura ou simplesmente começar a fazer uma caminhada longa uma vez por semana. É possível fazer uma peregrinação a qualquer hora, em qualquer lugar, ao longo de uma Grande Rota ou ao sair pela porta dos fundos. Talvez seu destino de peregrinação seja o quintal de seus avós, o oceano, um pomar ou um pequeno parque no meio da cidade. Ou talvez você transforme em peregrinação uma viagem para visitar alguém que ama. Como diz meu guia Will Parsons: "Nossa paisagem espiritual é aberta a todas as possibilidades."

Você também pode simplesmente ficar onde está, encontrar um lugar na Terra e olhar para o céu, sabendo que aqui é o seu lar.

CAPÍTULO 4

Conexão com a transcendência

MEU PRIMEIRO EMPREGO de verdade foi como lavador de pratos no pub da minha cidadezinha. Cada turno de fim de semana me rendia dinheiro suficiente para comprar um livro de Agatha Christie, algumas canetas de gel (de preferência perfumadas), uma revista e quantidades absurdas de chocolate. Em minha pequena maratona de compras semanal, eu passava por supermercados, um fornecedor de sistemas de som de luxo e minha loja favorita, a Between the Lines. Para minha versão de 13 anos, essa loja representava tudo o que a vida adulta tinha a oferecer em termos de lazer. Coisas que eram legais, mas não necessárias: cestos de vime, velas, almofadas com design dinamarquês e, o melhor de tudo, uma ampla seleção de músicas de spa e óleos essenciais.

Levei um ano para ter coragem de entrar. Mesmo assim, estanquei diante das vitrines três vezes antes de passar pela porta. Eu tinha visto comerciais de resorts de spa na TV e, considerando-os o refúgio pacífico e seguro perfeito quando comparados à aglomeração de hormônios de meu colégio interno masculino, desejava recriar aquela cena vestido com um roupão de banho em meu quarto. Comprei um CD, em que sons de ondas se sobrepunham ao cânone de Pachelbel, e um pouco de óleo essencial de lavanda, sem saber ao certo como usá-lo, mas confiante em minha capacidade de encontrar um jeito.

Chegando em casa, coloquei o CD para tocar, com sons de paisagens à beira-mar e tudo, e esfreguei o óleo na palma das mãos. Certifiquei-me de que estava sozinho e fechei os olhos. De pé, com o peito nu, comecei a passar as mãos logo acima da superfície do meu corpo, quase que massageando o ar, e então as levei ao coração. Meus olhos se encheram de lágrimas e não consegui mais contê-las. Chorei. Por muito tempo. Não porque estivesse triste, mas porque o "eu" que sentia tristeza havia se transformado em algo muito maior que eu mesmo, algo que era capaz de conter toda a enormidade da dor e da melancolia presentes em qualquer vida humana. Os sons do oceano e o aroma da lavanda sugeriam uma presença maior, que ao mesmo tempo era e não era eu e não recuou ao presenciar minhas lágrimas. Sem ser capaz de explicar o porquê, senti que o Universo sabia da profundidade do meu sofrimento e que, de alguma forma, tudo ficaria bem.

Muitos de nós temos histórias como essa. Passamos por momentos nos quais sentimos que surgiu uma ponte entre nós e algo além. Essa ponte pode aparecer quando experimentamos um ritual caseiro que revisitamos de vez em quando, mas sobre o qual nunca falamos. Tais momentos parecem misteriosos porque não conseguimos racionalizar o que aconteceu. Embora pareçam especiais, até sagrados, nos sentimos constrangidos e incomodados depois que ocorrem. "O que eu estava fazendo? Nem acredito nessas

CONEXÃO COM A TRANSCENDÊNCIA 157

coisas! Massageando minha aura?! Não vou falar com ninguém sobre isso. Nunca." São experiências que podem ser desconcertantes. Não estamos no controle quando nos entregamos a elas. Renunciamos ao nosso poder, em um abandono completo. Tempos depois, voltamos à consciência com o que Brené Brown chama de "ressaca de vulnerabilidade".

Aprendi a entender momentos como esse como uma oração. Sempre fui ressabiado em relação a essa palavra, mas descobri que as práticas de oração são lindas, poderosas e talvez até necessárias para nos sentir profundamente conectados com o que existe além de nós.

A ORAÇÃO NÃO É O QUE PENSAMOS

Sempre pensei na oração como o elemento mais ridículo da religião. Parecia absurdo ir a uma máquina automática de vendas no Céu e pedir a Deus as coisas que queremos. Eu ouvia histórias de pessoas que não tomavam os remédios que salvariam a própria vida porque seriam "curadas pela oração" e lia sobre pais que diziam aos filhos para "rezar pela cura gay". A oração não era apenas ridícula — parecia ativamente prejudicial. Pertencia a uma época em que não entendíamos como as doenças se propagam ou como os padrões climáticos mudam. Resumindo, a oração era para os tolos.

Hoje, porém, tenho um entendimento diferente. Ela continua não sendo uma jukebox celestial. Não tem a ver, no fundo, com pedir o que se quer. E com certeza não se limita às palavras ditas de joelhos ao pé da cama, com a cabeça apoiada nas mãos cruzadas. Em vez disso, a prática da oração é sobre ter consciência — e dizer a verdade — sobre como de fato nos sentimos e pensamos, pegando o que estava no inconsciente e trazendo-o à tona. A estudiosa nas áreas de psiquiatria e religião Ann Ulanov e o crítico de jazz Barry Ulanov chamam esse tipo de oração de "discurso primário". "Todo mundo ora", escrevem. "Orar é escutar e ouvir esse eu que está falando [...]. Na oração, dizemos quem somos de fato." A oração é ouvir a verdade de nosso coração: os amores e anseios profundos que moram em cada um.

O grande escritor ortodoxo russo Anthony Bloom diz que a verdadeira oração é o processo pelo qual as coisas "subitamente se revelam com uma profundidade que nunca percebemos antes, ou quando de repente descobrimos uma profundidade em nós mesmos". Essa experiência é maravilhosa e, às vezes, assustadoramente libertadora. Ela nos dá "a sensação de que estamos livres de posse, e essa liberdade nos estabelece em um relacionamento no qual tudo é amor — humano e divino". Bloom sabia do que estava falando. Tendo crescido entre o Irã e a Rússia, ele serviu como cirurgião na linha de frente do exército francês na Segunda Guerra Mundial.

A oração é o caminho para um amor cada vez maior. Ela funde nosso amor humano ao que Bloom chama de "amor divino", mas que pode ser traduzido como qualquer termo que abra seu coração. Para mim, é aquela sensação de algo mais, de algo maior que eu, fundamentalmente misterioso e que escapa à linguagem. Praticar a oração é retornar sempre a esse caminho de amor. Por nossa vida ser tão plena, escreve Bloom em seu livro *Beginning to Pray* [Começando a rezar], "podemos imaginar que não pode haver qualquer coisa além disso, que encontramos satisfação e plenitude, que chegamos ao fim de nossa busca. No entanto, precisamos aprender que há sempre mais".

Então, como praticar a oração? É provável que você já o faça. Neste capítulo, examinaremos quatro tipos de oração: adoração, contrição, agradecimento e súplica. Escolhi esses termos antiquados porque é bom saber que estamos seguindo um longo caminho percorrido pelas gerações que nos antecederam. Isso não quer dizer que devemos sentir necessidade de legitimar nossas práticas modernas com definições antigas e arcaicas; significa apenas que é mais um caso de recuperar uma sabedoria valiosa do baú de tesouros trancado pelas tradições religiosas. Minha amiga Carol Zinn, uma mulher inteligente, poderosa e engraçada que viveu por muitos anos como freira católica da congregação das Irmãs de São José, me ensinou uma prática de oração em quatro partes que, desde então, se tornou a base de minhas manhãs. Você pode seguir essas quatro etapas no chuveiro, no ônibus, em uma almofada de meditação ou antes de adormecer; escrevendo em um diário ou fazendo arte com um amigo; dentro ou fora de casa; em cinco minutos ou cinco horas — há um milhão de maneiras de dar forma a uma prática de oração. O que espero compartilhar é uma estrutura que possa mapear o que você já faz e ajudá-lo a solidificar e aprofundar suas práticas, de modo a encontrar uma conexão mais profunda com algo que é maior que todos nós.

Adoração

Ironicamente, o primeiro passo para uma consciência mais profunda não tem a ver com a introspecção, e sim com um *afastamento* radical de nós mesmos, descentrando nossa experiência individual e nos colocando a serviço, ou nos tornando parte, de algo maior. Enquanto o primeiro nível de conexão, que exploramos no Capítulo 1, tinha a ver com se conectar de modo profundo a si mesmo, esta prática é relacionada à conexão com uma grande alteridade.

Talvez você já tenha vivido essa sensação de união coletiva em um festival de música, em um protesto nas ruas ou em uma arena esportiva. Pode ser que já tenha experimentado fazer um retiro que redefiniu seu ponto de vista ou que pratique atenção plena ou meditação. Até os menores espaços podem nos ajudar a estabelecer uma conexão com algo maior. Antes de nos mudar para nosso apartamento, Sean e eu morávamos com três pessoas maravilhosas, o que significa que o único lugar da casa em que eu podia ter certeza de estar sozinho era nosso closet empoeirado, cheio de roupas de inverno. Lá, em meio a pilhas de caixas de ferramentas e botas de neve, ficava minha almofada de meditação. Durante os dois anos em que vivemos na Trowbridge Street, eu adentrava o armário assim que acordava e dava início ao meu período de meditação ouvindo música. Motetos do século XVI, como "Ego flos campi", de Jacob Clemens non Papa, e composições contemporâneas como a assombrosa "Spiegel im Spiegel", de Arvo Pärt, me transportavam a um momento meditativo. Ambas as obras têm uma característica etérea que me ajuda a estabelecer uma conexão com aquele "algo mais" e a me sentir calmo. Embora eu desdenhasse do poder da oração para curar os outros, há cada vez mais evidências de que esse tipo de momento intencional tem inúmeros benefícios para nossa saúde. O Dr. Herbert Benson, cardiologista, professor da Escola de Medicina de Harvard e pioneiro no campo da medicina mente/corpo, descobriu o que chama de "reação de relaxamento", que ocorre nos períodos de oração e meditação. Nesses momentos, o metabolismo do corpo desacelera, a frequência cardíaca diminui, a pressão arterial sofre redução e nossa respiração fica mais relaxada e regular.

Tradicionalmente, é óbvio, a adoração tem a ver com a veneração explícita de Deus. Isso pode fazer sentido para algumas

CONEXÃO COM A TRANSCENDÊNCIA 161

pessoas, mas, se não for o seu caso, sugiro que encontre maneiras de direcionar sua atenção para a beleza maior do mundo, para a conexão maior entre todas as coisas. Pode ser lendo um poema para si mesmo ou encontrando uma seleção de músicas que o comova. E se a linguagem divina funciona para você, invista nisso! Para mim, o que importa é aquela sensação de adoração por algo maior que nós. A teóloga Renita J. Weems argumenta que somos programados para adorar, então sempre acabamos adorando algo. É melhor ser intencional sobre o que é esse algo, em vez de cair na armadilha de adorar o dinheiro, o status e o poder — como ocorre em boa parte de nossa cultura dominante.

Uma das minhas técnicas de descentramento preferidas é receber uma boa massagem! É um luxo, mas tem um valor enorme. Lógico, ter as costas esfregadas por alguém é relaxante, mas percebi que a massagem vai muito além. Alguns de meus pensamentos mais criativos sobre mim mesmo, meus relacionamentos e meu trabalho surgem enquanto estou sendo esticado e amassado na mesa de massagem. Foi nela que desenvolvi percepções profundas, apesar de difíceis, sobre a necessidade de pedir desculpas a alguém, a decisão de sair de um emprego e a criação de limites em um relacionamento tóxico. Nas mãos da minha incrível massoterapeuta, Misty, fico presente em meu corpo, num momento raro. À medida que ela me aperta e molda, tento imaginar que suas mãos são embaixadoras do eterno e que ela infunde força e cuidado divino em meu corpo.

Uma tendência que vem crescendo é o uso de psicodélicos, em especial a *ayahuasca*, para ajudar as pessoas a se conectar ao divino. Embora haja quem vivencie cerimônias poderosas, principalmente quando a experiência com a droga é mediada por um guia ou professor, ainda hesito em relação ao uso de psicodélicos como uma prática espiritual solitária, sobretudo porque, parafraseando o especialista em religião Huston Smith, uma experiência espiritual não cria, por si só, uma vida espiritual. No livro *Como mudar sua mente*, Michael Pollan explica: "A integração é essencial para dar sentido à experiência, seja dentro, seja fora do contexto médico. Caso contrário, continua sendo apenas uma experiência com drogas." Eu também desconfio do turismo espiritual em que buscamos desesperadamente vivências transformadoras vindas de culturas que não a nossa. Corremos o risco de pegar apenas os elementos interessantes dessas tradições, sem compreender o contexto e o significado mais profundos que elas carregam consigo — um perigo ainda maior com tradições que foram marginalizadas e colonizadas, como as indígenas. Também perdemos a chance de aprender mais sobre as joias escondidas em nossa origem e cultura! Portanto, em vez de procurar substâncias alucinógenas, sugiro que utilizemos ferramentas simples para cultivarmos a atenção e nos redirecionar de forma mais consistente em direção aos elementos da vida que são maiores que nós.

Cultivar a atenção é algo tão poderoso que a ativista e mística francesa Simone Weil afirmou que até mesmo o ato de se concentrar em um problema matemático difícil nos prepara para a oração. Em *Espera de Deus*, ela explica que "se concentrarmos nossa atenção em tentar resolver um problema de geometria e, decorrida uma hora, não estivermos mais perto de solucioná-lo, teremos ainda assim progredido a cada minuto dessa hora em outra dimensão, mais misteriosa". Apesar de parecer que nada está acontecendo, Weil nos promete que nossos esforços aparentemente inúteis trazem mais luz à alma — mesmo sem sentirmos ou percebermos.

Weil entendia como forjar o próprio caminho espiritual porque sabia o que era viver à margem. Criada na França por uma família

CONEXÃO COM A TRANSCENDÊNCIA

judia secular e agnóstica, ela sofreu com diversos problemas de saúde na infância e na vida adulta. Após a Primeira Guerra Mundial, iniciou os estudos e teve como colega de Simone de Beauvoir e tornou-se conhecida pelas visões políticas radicais que tinha. Juntou-se à Greve Geral francesa de 1933, e o envolvimento com direitos trabalhistas moldou a espiritualidade solidária dela. Com o passar do tempo, a sensibilidade mística de Weil foi cultivada pela amizade que tinha com um padre católico e a levou a se aprofundar na vida religiosa, mas sempre fora de instituições. Ela se recusou a ser batizada e só testemunhava a celebração da Eucaristia, sem participar. Para ela, a chave para a prática espiritual era "a compreensão de que a oração consiste em atenção. É a orientação de toda a atenção de que a alma é capaz na direção de Deus. A qualidade da atenção é responsável por boa parte da qualidade da oração".

É óbvio que não é preciso estudar geometria para cultivar a atenção e a consciência devocionais! Uma das comunidades com as quais mais aprendi durante a pesquisa para "How We Gather" foi a Sanctuaries, em Washington, D.C. Lá, artistas de diversas disciplinas colaboravam para criar experiências e expressões da própria espiritualidade a serviço da justiça social e da cura. Os artistas da Sanctuaries já imprimiram telas com o objetivo de pagar a advogados para refugiados, usaram o hip-hop para evitar que moradores de alojamentos públicos fossem deslocados e empregaram artes visuais e performáticas para mobilizar milhares de pessoas em torno de causas como justiça ambiental, equidade racial e dignidade dos pobres. Formado por pessoas com identidades religiosas e raciais diferentes, e sempre se movendo pela cidade para não ser rotulado como pertencente a uma região específica, o movimento promove colaborações improváveis, como um dueto entre um músico clássico indiano e um artista de hip-hop, uma oficina de joalheria inspirada por textos judaicos e um sarau que uniu a palavra falada a pinturas ao vivo.

Criada em 2013 por uma equipe liderada por Erik Martínez Resly, ou simplesmente reverendo Erik, como é conhecido pela comunidade, a Sanctuaries sempre uniu espiritualidade, justiça social e artes. "Já temos uma linguagem nas artes que se comunica com a vida da alma: encontre seu fluxo, entre no ritmo, se deixe levar. Há uma sensação de que meu corpo faz parte de um movimento superior a mim. Rendi-me a um poder, uma força, uma fonte de inspiração que posso tocar ou ao qual posso recorrer, mas que sou incapaz de controlar. Ele não é só meu. Esse é nosso ponto de partida. Descobrimos que algumas das melhores práticas para fazer justiça se sobrepõem a algumas das melhores práticas para fazer arte e aprofundar nossa vida espiritual", explica o reverendo.

A Sanctuaries nos ensina que a oração pode ser movimento, arte e criatividade. "Não estamos apresentando algo novo. No entanto, em meio a uma sociedade que está acelerando e cada vez mais nos vendendo a ilusão de controle, estamos desacelerando para perceber aquilo que não pode ser feito de forma individualista." Os líderes da Sanctuaries, sejam eles costureiros, cantores, rappers ou dançarinos, estão criando entradas para uma experiência mais profunda do mundo. Muitas vezes, explica Erik, é no fluxo criativo coletivo que os artistas afirmam se conectar com a plenitude do mundo. "As pessoas costumam falar sobre as respectivas experiências de um jeito lindo e misterioso: o momento em que se sentem conectados a algo além de si próprios é o mesmo em que se sentem mais autenticamente fiéis a si mesmos. 'Eu não criei este poema, ele veio a mim de algum outro lugar, mas representa meu eu mais profundo.' É um paradoxo! Somos nosso eu mais verdadeiro e, ao mesmo tempo, somos alguém completamente diferente."

CONEXÃO COM A TRANSCENDÊNCIA

CONTRIÇÃO

O segundo tipo de oração é a contrição. Aqui trazemos à consciência as maneiras pelas quais falhamos em ser como queremos e em nos comportar como desejamos. Fazemos perguntas como: o que fiz que causou dor ou sofrimento? O que deixei de fazer que poderia ter servido aos outros? Pelo que preciso de perdão?

É bem provável que você já faça isso regularmente de alguma forma, quando esquece um aniversário ou fica acordado remoendo algo que disse. Há dias em que é fácil fazer uma lista de fracassos completos — "na última hora, deixei um amigo na mão", "ignorei as necessidades de alguém na rua", "tive medo de me manifestar em uma situação quando sei que deveria ter feito". Em outros, mal consigo pensar em mais de uma falha. (É óbvio que isso não tem a ver com minhas ações reais, e sim com minha capacidade de me sintonizar com a verdade!) Previsivelmente, a contrição pode ser a parte menos agradável do momento de oração. Ainda não conheci alguém que goste de ser confrontado com as próprias imperfeições. Não se trata, contudo, de ser repreendido ou castigado por uma voz interior propensa a julgamentos. Na verdade, tem a ver com o reconhecimento de que todos nós temos insuficiências suficientes. Pense na contrição como uma chance de ajustar as velas do seu barco enquanto atravessa a água em alta velocidade. Perceber que nos desviamos do caminho e corrigir a rota, da melhor maneira possível, nos poupa de esforços enormes posteriormente, quando já tivermos percorrido uma distância muito maior mar adentro. Em alguns dias, sento-me na minha almofada de meditação me sentindo estridentemente correto e raivoso. Então, quando ouço meu conhecimento interior, sou confrontado com o fato de que cometi tantos erros quanto qualquer outra pessoa. A oração nem sempre é satisfatória. Muitas vezes, os momentos mais valiosos dela são quando nossos pressupostos são desvendados e surge uma nova percepção, embora isso possa levar algum tempo. O acadêmico Mark Jordan nos lembra de que o mais importante não é como nos sentimos quando oramos, e sim o que acontece depois.

Essa oração de contrição, por conseguinte, também pode ser revigorante. Enfim uma chance de, tendo apenas o grande além como testemunha, sermos sinceros sobre o que está acontecendo e confrontarmos a maneira como queremos ser no mundo: mais corajosos e livres.

No entanto, como podemos garantir que não ficaremos presos em ciclos de vergonha e opressão? Movendo nosso corpo juntamente com as palavras que dizemos em voz alta. Em nossos encontros para "How We Gather", em que reuníamos líderes comunitários inovadores de todo o país, convidávamos participantes para guiar uns aos outros em práticas pertencentes às respectivas comunidades. Em uma dessas sessões, Edina Leković, ex-diretora de assistência comunitária da Mesquita Feminina da América, em Los Angeles, liderou um ciclo de oração muçulmana. Como a maioria de nós não falava árabe, Edina imprimiu uma tradução e pudemos repetir o que ela dizia em inglês. A cadência de chamadas e respostas era evocativa, só que o que mais me impressionou foi o poder do movimento na oração. Ficamos de pé, nos ajoelhamos e nos inclinamos para encostar a testa no tapete. Voltamos a nos levantar e a abaixar, as mãos perto do rosto. Isso não deveria ter me surpreendido! Antes que unir as mãos para orar se tornasse a norma, os cristãos ficavam em pé enquanto rezavam, com os cotovelos próximos do tronco e as mãos estendidas para os lados, as palmas para cima. Os judeus costumam dar três passos para trás e três passos para a frente ao iniciar a Amidá, o cerne de toda a

CONEXÃO COM A TRANSCENDÊNCIA

liturgia. Muitas tradições de oração incluem se inclinar, balançar ou dançar. O Zohar, um texto místico judaico, ensina que, quando pronunciamos palavras sagradas de oração, a luz em nossa alma é acesa, e oscilamos para a frente e para trás como a chama de uma vela.

Portanto, ao reservar um tempo para a contrição, investigue como você pode incorporar movimentos físicos. Em minha experiência, nos dias em que há coisas demais a se dizer, ajoelhar e me inclinar para a frente, apoiando a cabeça no chão, é por si só uma prece de contrição. Se você nunca tentou isso antes, experimente. É maravilhosamente libertador.

Talvez minha forma favorita de contrição não seja refletir sozinho, e sim em conjunto. Unir-se a — ou fundar — um pequeno grupo é uma das práticas espirituais mais poderosas com as quais podemos nos comprometer, porque um bom pequeno grupo é amoroso o suficiente para nos apoiar e abraçar, mas responsável o bastante para não nos deixar escapar com platitudes e respostas fáceis. Talvez você reconheça isso como uma aliança, um pequeno número de pessoas da mesma congregação — em torno de três ou seis — que se reúne com regularidade para contar o que está acontecendo de verdade na vida de cada um. Não é apenas uma turma de amigos que se encontra, mas um grupo comprometido de pessoas de confiança que atravessa a vida com você. Esse princípio vale para qualquer tipo de pequena comunidade que você decida fundar: um clube do livro, por exemplo, que fala sobre a obra, mas que, na verdade, debate as questões difíceis da vida. À medida que for compartilhando suas falhas em um ambiente seguro, você descobrirá que os membros dessa comunidade o amarão e o responsabilizarão pelas ações que decidir tomar. Eles não precisam acreditar nas mesmas coisas que você nem usar os mesmos termos para descrever suas práticas espirituais. Não precisam nem ser amigos próximos. No entanto, começarão a ter muita importância.

Já fiz parte de vários pequenos grupos. No que durou mais tempo, eu me reunia todo mês com um budista, um episcopal, um católico e um "nenhuma das opções anteriores". No começo, só nos conhecíamos por alto. Estávamos procurando aprofundar nosso compromisso com o elemento espiritual de nossa vida e sentíamos que não conseguíamos avançar nas comunidades tradicionais das quais fazíamos parte, quando havia alguma. Precisávamos de um lugar onde pudéssemos falar de forma honesta e segura sobre o que de fato estávamos vivendo. Isso é particularmente libertador quando se é responsável por outras pessoas e precisa ser o "adulto no comando" da maior parte dos grupos de que participa.

Nossa prática era simples. Todo mês, nos reuníamos no apartamento de um dos membros, pedíamos comida tailandesa (rituais podem ser deliciosos!) e passávamos um tempo contando como estávamos. Chamamos esses encontros, a princípio de brincadeira, de nosso Grupo de Confissão, porque aquela era a comunidade íntima na qual nos sentíamos seguros para tirar as máscaras do sucesso e do bem-estar e ser brutalmente sinceros. Um por um, passávamos de dez a 15 minutos compartilhando algum aspecto de nossa vida no qual estivéssemos passando por dificuldades: finanças, relacionamentos românticos, ressentimentos, relação com os pais, ambições, nosso corpo, tristezas. Agora, já estamos cientes do poder da vulnerabilidade, mas é raro termos um lugar para contar as verdades mais feias sobre nós mesmos, sabendo que continuaremos sendo amados. Depois que um membro do grupo terminava de falar (e usávamos um cronômetro para manter o ritmo), os demais faziam perguntas, mostravam padrões que tinham

CONEXÃO COM A TRANSCENDÊNCIA 169

percebido ou — quando havia abertura para isso — ofereciam conselhos baseados em experiência própria.

Praticar a contrição em um pequeno grupo quebra a suposição comum, quando estamos sozinhos ou em grupos grandes, de que nossos problemas são muito piores, mais vergonhosos ou mais incomuns que os de todo mundo. A alegria inesperada de um pequeno grupo de amor e responsabilização está em descobrir que, assim como nós, outras pessoas também têm problemas, e que a lista de questões nas quais nos sentimos um fracasso não costuma ser muito diferente de uma pessoa para outra. Mesmo nos momentos em que fui desafiado a encarar alguma coisa de um ponto de vista diferente, ou fui responsabilizado de acordo com os valores que tinha afirmado serem importantes para mim, saí da reunião agradecido, renovado e revigorado. De qualquer experiência semelhante, a mais parecida foi a de me assumir gay na adolescência. De repente, o peso da dor e a tristeza que eu carregara por 16 anos começaram a se dissipar. No meu segredo induzido pela sociedade, a vergonha tinha se infiltrado na forma como eu me vestia, andava, falava e com quem eu escolhia conviver. Isso me dava medo de ser sincero, porque eu não queria ser descoberto de jeito algum. Então, quando comecei a contá-lo para pessoas de confiança, aquele segredo de repente perdeu o poder sobre mim, e fui capaz de me reconectar a partes de mim mesmo que precisara deixar de lado. Um grupo de confissão seguro e amoroso também provoca essa sensação. Volta e meia, eu só me lembrava de como tinha sentido necessidade de um tempo com aquela turma depois que terminávamos nosso encontro.

Criar um pequeno grupo é mais fácil do que você imagina. Já vi versões dessas conversas honestas acontecerem entre amigos que se reúnem todo domingo à noite para falar sobre beisebol e tiram um fim de semana da pré-temporada para conversar mais a fundo, e também um grupo de mães que se encontra todo mês para um café da manhã. Em geral, é bom se reunir com pessoas que tangenciam sua vida cotidiana, em vez de serem profundamente conectadas a ela. É por isso que, no início, fazer isso com estranhos pode ser tão eficaz! Congregações seculares como a Sunday Assembly criaram pequenos grupos, e treinamentos de liderança também costumam utilizá-los. Pense em programas de desenvolvimento pessoal, como o Forum Landmark ou nos pequenos grupos do True North, comandados pelo professor da Escola de Negócios de Harvard Bill George, nos quais as pessoas podem se reunir para ter discussões profundas e falar sobre os aspectos mais importantes das respectivas vidas. Os exemplos mais notáveis de pequenos grupos confessionais continuam sendo comunidades de recuperação como os Alcoólicos Anônimos, nos quais qualquer pessoa pode ingressar e compartilhar, com segurança e sigilo, como está tendo dificuldades ou progredindo em sua jornada rumo à sobriedade.

A dádiva que podemos oferecer um ao outro é nossa presença amorosa e receptiva. Um grupo floresce quando não é nem invasivo nem evasivo, habitando a delicada fronteira entre o apoio e a responsabilização que John Wesley, fundador do movimento metodista, descreveu como "tomar conta uns dos outros com amor". Isso nos ajuda a levar a vida com integridade. Percorrer uma jornada rumo a um destino comum significa que não perdemos de vista nossos valores, as coisas que sabemos ser importantes, mas que, às vezes, podem desaparecer em meio às luzes brilhantes das conquistas ou aos poços de desespero. Nos momentos em que caímos, pequenos grupos podem nos ajudar a levantar. Se essas pessoas, que conhecem toda a nossa feiura interior e ainda nos amam, acreditam que pode-

CONEXÃO COM A TRANSCENDÊNCIA　　171

mos mudar a situação e confiam em nossa vontade de tentar, então talvez possamos fazer mais, ser mais do que esperamos. O ideal é que os grupos sejam pequenos em tamanho e grandes em comprometimento. É preciso que os membros possam contar um com o outro. No meu grupo, nos comprometíamos todo ano a continuar por 12 meses, o que nos dava uma saída caso, após um tempo, precisássemos reavaliar o que éramos capazes de oferecer. O resultado é uma compreensão melhor não apenas de nós mesmos, mas também daquilo que está além de nós. A contrição tem a ver com olhar para dentro, sim, mas também é sobre enxergar como impactamos o contexto maior do Universo.

AGRADECIMENTO

Após a introspecção da contrição vem o agradecimento, em que listamos as pessoas e as coisas pelas quais somos gratos. Na minha prática, costumo começar agradecendo por estar vivo. Então, dou graças pelas gentilezas demonstradas a mim no dia que passou. Pelas oportunidades de aprender e servir. Por meu corpo. Por pessoas específicas que trazem significado e alegria. Um dos meus jeitos favoritos de agradecer é fazer uma corrente de gratidão, ligando uma coisa à outra. Por exemplo, ser grato pelo jantar com amigos no dia anterior se liga à beleza dos pratos e talheres, o que me lembra da celebração da minha família ao redor da nossa mesa de jantar, que por sua vez me lembra dos dons artísticos de minha avó — sou grato por tudo isso. Uma ouvinte de *Harry Potter and the Sacred Text* relatou que começa a própria corrente de gratidão dizendo: "Sou grata por não estar pegando fogo", o que também é um bom ponto de partida! Depois que começo a listar coisas, conexões e lembranças inesperadas começam a surgir, adoçando o dia e me deixando ciente daquele "algo mais" além de mim. Às vezes, complicamos demais as coisas, até a oração. O grande místico medieval Meister Eckhart nos avisou que, se só conseguirmos dizer "Obrigado", já teremos dito o suficiente.

Mesmo com as estatísticas mostrando que as pessoas não estão envolvidas com organizações religiosas, continuamos mantendo rituais que alimentam nossa alma. Ter um diário é uma forma maravilhosa de praticar a oração de agradecimento, e hoje há uma variedade inédita de diários e cadernos de gratidão nas livrarias. Talvez você já tenha uma prática de agradecimento no fim do dia, anotando três coisas pelas quais é grato, contando-as para a família durante o jantar ou para o parceiro antes de dormir. Tenho dificuldade de manter essa prática diária, então, em vez disso, pego meu diário em um sabá tecnológico e tento preencher algumas páginas com reflexões e lembranças que me trouxeram alegria. E, como afirma Brené Brown no livro *A coragem de ser você mesmo*, a chave para a alegria é praticar a gratidão.

Às vezes, as pessoas temem que a gratidão pareça egoísta ou autocentrada, pois outros têm tão pouco. Brown argumenta o oposto: "Quando você é grato pelo que tem, sei que entende a magnitude do que perdi." A pesquisa dela também revelou que "quando abrimos mão da nossa alegria para fazer com que aqueles que estão em apuros se sintam menos solitários ou para sentirmos menos culpa ou para parecermos mais engajados, acabamos nos esvaziando do que é preciso para nos sentirmos plenamente vivos e cheios de propósito". Ironicamente, a gratidão não é apenas para você. Na verdade, ser grato nos ajuda a apoiar os outros.

CONEXÃO COM A TRANSCENDÊNCIA 173

Não será uma surpresa para você saber que pesquisas recentes sugerem que a gratidão também aumenta nosso bem-estar mental. Na última década, diversos estudos mostraram que pessoas conscientemente gratas pelo que têm tendem a ser mais felizes e menos deprimidas. É importante, porém, observar os dois elementos cruciais de uma prática de gratidão.

Robert Emmons, professor de psicologia da Universidade da Califórnia em Davis, explica em um ensaio para a revista *Greater Good Science Center* que a gratidão é uma afirmação da bondade: "Afirmamos que existem coisas boas no mundo, dádivas e benefícios que recebemos." A segunda metade essencial da prática tem a ver com reconhecer "as fontes dessa bondade como exteriores a nós [...]. Reconhecemos que outras pessoas — ou até poderes superiores, se você tiver uma mentalidade espiritual — nos deram muitos presentes, grandes e pequenos, para nos ajudar a alcançar o que há de bom em nossa vida".

Agradecer a essa fonte de bondade exterior — seja uma pessoa específica, a sorte de determinada oportunidade, seja algo mais profundamente espiritual — contribui para redirecionar nossa vida, afastando-a da narrativa cultural dominante sobre nossos sucessos, desejos e ambições e aproximando-a de uma perspectiva mais holística. "A gratidão não tem a ver com objetos", explica a autora e especialista em religião e cultura estadunidenses Diana Butler Bass no livro *Grateful*. "A gratidão é a reação emocional à surpresa de nossa existência, à percepção dessa luz interior e à compreensão dos surpreendentes acontecimentos sagrados, sociais e científicos que deram origem a cada um de nós."

No entanto, orações de agradecimento não têm como objetivo arrumar a bagunça em nossa vida. Bass escreve: "A gratidão não é uma panaceia psicológica ou política, como um evangelho secular de prosperidade que nega a dor ou ignora a injustiça, porque ser grato não 'corrige' nada. A dor, o sofrimento e a injustiça — tudo isso é real. Não desaparece." O que o agradecimento faz, porém, é dissipar a ideia de que isso é tudo o que a vida oferece, que o desespero sempre prevalece. "A gratidão nos oferece uma nova história. Abre nossos olhos para ver que cada vida é, de formas únicas e dignas, agraciada: a vida de pobres, rejeitados, doentes, presos, exilados, abusados, esquecidos, bem como a vida dos que estão em circunstâncias físicas mais confortáveis. A sua vida. A minha vida. Todos nós compartilhamos o presente máximo — a vida em si. Juntos. Agora mesmo."

Um jeito muito poderoso de chegar a essa consciência preciosa é praticar o *memento mori*, o lembrete de que nós também morreremos. Versões semelhantes dessa prática aparecem na Antiguidade Clássica, na cultura samurai japonesa, no budismo tibetano e no festival mexicano do Dia dos Mortos. Imensamente popular nos primórdios da Europa moderna, a prática instruía as pessoas a desviar a atenção das coisas terrenas e direcionar os anseios ao eterno. Com uma expectativa de vida muito mais curta e a ameaça da praga sempre próxima, nossos homólogos históricos eram confrontados com a realidade da morte precoce e frequente. Artistas como Frans Hals começaram a incorporar símbolos de morte quando pintavam naturezas-mortas ou cenas de família: há quase sempre uma caveira escondida no canto ou deixada sobre uma mesa, por exemplo. Praticar o *memento mori* é como tirar o zoom de uma câmera. Lembrar que vamos morrer e enfrentar a realidade de que hoje pode ser nosso último dia nos ajuda a ver nossa vida com uma perspectiva maior. Os problemas aos quais temos prestado atenção e com os quais nos preocupamos tanto não somem, mas perdem o destaque em um cenário mais amplo. É

CONEXÃO COM A TRANSCENDÊNCIA 175

provável que todos nós tenhamos praticado o *memento mori*, talvez sem saber, ao ir ao funeral de um ente querido ou passar por um cemitério. Muitas vezes, o sentimos com mais intensidade quando um jovem é morto em um acidente, por exemplo. A consciência da brevidade da vida se torna dolorosamente presente.

Para integrar essa prática ao seu dia a dia, encontre um lugar onde por algum tempo você não será interrompido. Imagine-se com apenas mais um ano de vida. O que você faria com o tempo que ainda tem? Passe alguns instantes pensando ou escrevendo em um diário. Visualize aonde iria, com quem gostaria de falar. O que pararia de fazer. Agora, imagine que lhe resta somente uma semana. Como você escolheria passar esses últimos dias? Qual seria sua última refeição? Com quem você estaria? Agora, imagine que esta é sua última hora de vida. E então seu último minuto. Seu último suspiro. Esse mesmo, que você está dando neste exato momento.

Sem saber, eu estava praticando algo muito parecido durante a recuperação de um acidente sério em que quebrei as pernas, o pulso e tive duas fraturas na coluna. Ao cair daquele cais escocês em direção às pedras, seis metros abaixo, lembro-me de pensar: "Ahá. Então é assim que termina." Eu estava caminhando pelo píer com amigos e tinha subido até um caminho estreito, com o mar à direita. Estávamos cantando músicas do filme *Grease*, e no momento em que entusiasmadamente gritei "shoobop sha wadda wadda yippity boom de boom!", dei um pulo para a frente — ou pelo menos para o que eu achava que era minha frente. Como estava olhando para a esquerda, porém, na verdade pulei de lado, para a direita, caindo nas pedras, porque a maré estava baixa. Minhas mãos ainda suam ao digitar isto, mesmo já tendo se passado uma década! Então, à medida que eu me recuperava aos poucos, depois que tirei os gessos e passei a conseguir girar levemente os

tornozelos, comecei a dizer toda manhã: "Posso morrer hoje."
Quando passei a conseguir tomar banho, usava o hábito matutino
de me lavar para praticar esse ritual. Deixava a água quente correr
pelo meu corpo enquanto meditava sobre as pessoas que amava
e a possibilidade real de que aquele fosse meu último dia de vida.
"Posso morrer hoje."

Eu havia criado um *memento mori*: uma reflexão sobre minha
mortalidade.

Existem muitas formas de adaptar essa prática. Meu amigo
Darrell Jones III a incluiu nas sessões de treinamento físico dele.
Você pode baixar um aplicativo como o WeCroak, que envia cinco
notificações por dia para lembrá-lo de sua morte iminente. Ou pode
encontrar uma expressão para dizer em voz alta enquanto passa
hidratante ou maquiagem de manhã, ou toda vez que entrar no
carro. O segredo é repetir o ritual com frequência, de modo a vivenciar um momento habitual de reflexão e gratidão por estar vivo.

Súplica

O estágio final dessa sequência de orações é a súplica, na qual pensamos conscientemente em alguém ou algo na presença do divino.
Dos quatro estágios, este é o que mais se aproxima do que sempre
pensei que fosse a oração — uma lista de compras sagrada de desejos
e necessidades. Contudo, na verdade, é uma oportunidade de trazer
quem amamos à nossa consciência compassiva. Podemos criar
uma pequena lista de pessoas a quem queremos desejar o bem,
ou focar aquelas que podem estar solitárias, doentes ou deprimidas. E, óbvio, é aqui que podemos também definir intenções para
nós mesmos. Adoro seguir a prática de meditação budista Metta

CONEXÃO COM A TRANSCENDÊNCIA　　177

(bondade amorosa) de Jack Kornfield, em que repetimos três intenções continuamente. Começamos por nós mesmos, então nos voltamos para alguém que amamos, depois para um estranho e, em seguida, para alguém com quem estamos tendo dificuldades:

Que eu fique seguro e livre de sofrimento.
Que eu seja tão feliz e saudável quanto possível.
Que eu tenha tranquilidade.

Que [ela] esteja segura e livre de sofrimento.
Que [ela] seja tão feliz e saudável quanto possível.
Que [ela] tenha tranquilidade.

Ao repetir continuamente essas intenções, estabelecemos um ritmo para nossas orações de súplica. Já me surpreendi com a possibilidade de, em alguns dias, estar com raiva e frustrado com uma pessoa e, ainda assim, ser capaz de praticar esse tipo de intenção amorosa para com ela. A oração é como uma oficina para a alma. Nela, podemos consertar todos os embaraços e torções da vida. Ela pode suavizar o ressentimento e abrir espaço para o perdão. O que fazemos pode não mudar magicamente outras pessoas ou o mundo externo, mas a oração com certeza nos transforma.

A súplica pode ter a forma de desejar o bem intencionalmente, mas também pode ser apenas o processo pelo qual enchemos de otimismo as coisas com as quais precisamos de ajuda. Trazemos à consciência os medos que podemos ter, por exemplo. Às vezes, crio uma lista em meu diário, tentando preencher a página para garantir que estou indo fundo o bastante para remover todo o lixo em minha mente. "Tenho medo de ser reprovado no teste. Tenho medo de engordar. Tenho medo de ter feito a escolha errada ao me mudar para o outro lado do mundo. Tenho medo de não me amar por inteiro. Tenho medo de ter dito a coisa errada para fulano de tal." E assim por diante, simplesmente listando tudo o que me vem à mente. Escrever ou dizer em voz alta parece enfraquecer as coisas que estão me assombrando. Esse é o poder da súplica. Ela cria um lugar para o medo e, ao mesmo tempo, coloca o medo em seu lugar. Permite dizermos o que nos assusta sem deixar que isso nos oprima. Surge uma amplitude, uma perspectiva maior sobre nosso sofrimento. Talvez nossa linha do tempo se prolongue, vendo esse momento no contexto de uma história muito mais extensa, ou pode ser que nossa perspectiva individual se amplie de modo que consideremos os interesses de outros seres vivos além de nós. No entanto, a oração da lista dos medos às vezes parecia incompleta. Eu falava os medos em voz alta no chuveiro e eles se misturavam com o vapor e flutuavam pelo banheiro. Então, por acaso, comecei a cantar uma música que aprendi com minhas irmãs e a qual tem uma letra muito simples:

> *Acenda a chama*
> *Para iluminar a escuridão*
> *E levar todo o medo embora.*

Lá estava uma forma de transformar os medos! Não que eu sentisse alguma divindade se aproximando e resolvendo tudo, mas era uma maneira simples de tomar consciência do "discurso primário" e, então, oferecer essas verdades para o céu com uma pequena canção. Eu repetia até me sentir completo. Não preciso nem dizer que esses problemas não eram resolvidos de forma mágica antes de eu terminar, mas minha relação com meus medos

CONEXÃO COM A TRANSCENDÊNCIA 179

ficava diferente. Eu me sentia mais calmo, tinha mais compaixão comigo mesmo. O simples ato de cantar para mim mesmo nesse pequeno ritual me permitia lembrar de que, no fim das contas, quaisquer que fossem as provações que estivesse enfrentando, elas também passariam.

A professora e escritora zen-budista Cheri Huber leva essa prática um passo além. Ela explica como você pode usar seu telefone para gravar a si mesmo descrevendo em voz alta todos os seus medos, dores e raivas — descrevendo todas as frustrações que sente em detalhes. Então, depois de fazer uma pequena pausa, ouça a gravação, como se estivesse ouvindo os problemas de outra pessoa, e as encare com o tipo de compaixão e amor que teria para com um amigo ou estranho. Após ouvir de forma amorosa, grave uma mensagem carinhosa para si mesmo com algumas palavras de sabedoria e cuidado. Então, após outro intervalo, ouça a segunda mensagem.

Talvez minha maneira favorita de fazer orações de súplica seja por meio da arte de abençoar. Hoje, as bênçãos são raras para a maioria de nós, mas a vida humana já foi saturada delas. Era possível ser abençoado antes de partir em uma viagem, no início de uma refeição, antes de um casamento ou na chegada do sabá. "Com a ruína da religião, muitas pessoas ficaram presas em um abismo de vazio e dúvida; sem rituais para reconhecer, celebrar ou negociar os princípios essenciais da vida das pessoas", escreve John O'Donohue no livro *To Bless the Space Between Us* [Para abençoar o espaço entre nós]. "É aqui que precisamos recuperar e despertar nossa capacidade de abençoar. Se nos aproximarmos de nossos limiares decisivos com reverência e atenção, a travessia nos trará mais do que poderíamos esperar. É aqui que a bênção invoca e desperta todos os dons que a travessia tem a oferecer."

Os momentos de transição não são mais períodos de medo. Eles se tornam a maneira pela qual nossa vida encontra ritmo, profundidade e significado.

Inspirados no ensaio de O'Donohue, Vanessa Zoltan e eu abençoamos um personagem dos livros de *Harry Potter* no final de cada episódio de nosso podcast desde que começamos, em 2016. Lógico, a bênção é para uma figura literária fictícia, mas ainda assim convidamos o ouvinte a também receber a bênção. É importante ressaltar que uma bênção não apaga o que torna difícil viver, mas atinge profundamente a vida para extrair o fruto oculto do sofrimento. E, se não houver fruto algum, podemos ao menos presenciar esse vazio. Por meio da bênção, podemos transformar uma experiência isoladora ou dolorosa em algo que, no mínimo, não está mais sozinho.

Para abençoar, não apenas compartilhamos um pensamento. A bênção tem a ver com se examinar mais a fundo e deixar a alma falar. Alcançamos as profundezas de nosso ser e falamos a partir da plenitude inalterável que habita nosso cerne. Meister Eckhart identificou esse lugar interior como um local que nem o tempo nem o espaço podiam tocar. Em alto-alemão médio, ele o chamou de "vunklein": a centelha simples e divina dentro de nós. Às vezes, no momento da bênção, Vanessa e eu nos surpreendemos com quem escolhemos e como nos expressamos. Porque, de alguma forma, a bênção vem tanto de algo além de nós quanto de nosso interior.

Uma verdadeira bênção afirma duas coisas. Em primeiro lugar, nossas bênçãos confirmam nossa plenitude inerente. Uma bênção nunca significa nos desenvolver ou tornar mais santos e iluminados. Ela é a dádiva de ajudarmos uns aos outros a nos lembrar de que somos sempre o suficiente. E, em segundo lugar, nossas bênçãos afirmam nossa interconexão inata. Abençoar é a prática de "des-

CONEXÃO COM A TRANSCENDÊNCIA 181

cobrir e expressar as partes de nós que entendem intrinsecamente nossa conexão", como explica o escritor David Spangler.

É por isso que receber uma bênção não é uma falsa positividade ou papo barato de Instagram. Bênçãos não têm a ver com estar diante de uma câmera com vista para o oceano ou com o pôr do sol brilhando atrás de você. Elas aceitam o que é mais difícil em nosso viver. Por meio da prática de abençoar, honramos a dor da vida com dignidade e profundidade.

O'Donohue descreve as bênçãos como "um círculo de luz desenhado em torno de uma pessoa para proteger, curar e fortalecer". Essa definição se baseia na antiga tradição espiritual celta. Os celtas traçavam um *caim* — um círculo — em torno de si mesmos em tempos de perigo. Independentemente de acreditarem em poderes mágicos, isso os lembrava de que estavam sempre cercados pelo divino, que o mistério do sagrado nos envolve e se embrenha em nós onde quer que estejamos. As bênçãos existem para nos lembrar desse fato. Se saímos do tom, uma bênção ou oração de súplica nos traz de volta à harmonia. É por isso que, para O'Donohue, ela tem um poder real. Precisamos oferecê-la com convicção, porque "a beleza da bênção é que ela acredita que pode afetar os acontecimentos".

A NECESSIDADE DE COMUNIDADE

Permita-me fazer um aviso gentil. De todas as experiências de conexão, esta última — conectar-se com o transcendente — é ao mesmo tempo a mais mística e mais poderosa. Você conhece algumas pessoas que simplesmente sabe que têm uma conexão profunda com algo maior. Elas irradiam maturidade espiritual. No entanto, como sempre, com grandes poderes vêm grandes responsabilidades. É essencial que não nos percamos nessas práticas de oração e conexão sagrada. Precisamos dos outros para nos manter com os pés no chão, responsáveis e seguros. Muitos acontecimentos da história da humanidade abordam o fanatismo e ideólogos zelosos que podem até ter encontrado uma bela e poderosa maneira de se conectar com o divino, mas que se tornaram obcecados com a ideia de que o caminho que encontraram era o *único* possível.

É por isso que convidamos nossos ouvintes a enviar mensagens de voz para o podcast. Escutar outras perspectivas enriquece nossa experiência de prática sagrada porque mantém nossa leitura atualizada e nossos pensamentos afiados. Podemos compreender com mais facilidade diferentes pontos de vista e ser responsabilizados quando interpretamos uma palavra ou frase de um jeito que, sem querer, magoa algumas pessoas.

Uma comunidade de companheiros praticantes não precisa ser grande. Apenas um punhado de outros viajantes pode abrir novas portas e ampliar nossa imaginação. Quando nosso compromisso diminui e nossa convicção estremece, uma comunidade pode nos dar o incentivo de que precisamos para seguir em frente. Como iniciantes espirituais, estamos fadados a vacilar pelo caminho através de nossas práticas sagradas. E, mesmo quando encontramos um ritmo, novos e inesperados desafios baterão na nossa porta. Uma comunidade assim pode ter diversas formas. Sem dúvida, uma congregação tradicional pode funcionar para algumas pessoas. Contudo, há também quem se reúna com um grupo de amigos uma vez por ano para discutir a vida espiritual de cada um. Você pode ter um amigo com quem conversa ao telefone todo mês, ou uma hora marcada para dar um passeio com o parceiro e conversar sobre algum assunto.

CONEXÃO COM A TRANSCENDÊNCIA 183

Aprendi que, em algum momento, encontrar um professor ou guia espiritual que pode personalizar conselhos para levá-lo adiante não é apenas necessário, mas um alívio! Mesmo que você não os conheça, existem guias por aí que podem ajudá-lo a investigar o espírito humano. Enquanto isso, se estiver em dúvida sobre como está exercendo uma prática sagrada, lembre-se apenas do grande teólogo africano Agostinho de Hipona, o qual ensinou que, se sentirmos que nossa consciência está sendo afastada do amor duplo para com o divino e o próximo, então não cumprimos o propósito da prática.

Personalizando a oração

Nunca pensei que me descreveria como alguém que ora. Talvez você também seja assim. No entanto, usando esse esquema de adoração, contrição, agradecimento e súplica, descobri uma forma de estruturar como posso me conectar com aquilo que é superior a mim.

Talvez você tenha tradições com as quais foi criado e que pode adaptar e reinterpretar, ou pode experimentar uma mistura de elementos que dá vida nova a uma prática de oração. Fiquei muito surpreso ao me flagrar repetindo uma prece tradicional em meio a botas de neve e casacos de inverno no closet da minha antiga casa. Eu a aprendera no colégio interno na Inglaterra e sempre ressentia o fato de sabê-la de cor. É o pai-nosso, um elemento central da vida devocional cristã. Em especial, as palavras — "Pai nosso", a expressão patriarcal definitiva para deus — me davam um gosto amargo na boca. Sem dúvida, eu dizia a mim mesmo: se deus é um mistério, deve haver uma terminologia que desperte minha alma em vez de aplainá-la. Então, inspirando-me no meu amor

O PODER DO RITUAL

pelas florestas, encontrei um baralho de tarô repleto de imagens ambientadas em bosques. Agora, ao começar meu momento de adoração, tiro uma carta do baralho, posiciono-a virada para cima e permito que a imagem do dia desperte minha imaginação acerca da aparência do divino: um lobo, o Rei de Ouros, uma ave, o Valete de Espadas ou duas serpentes retorcidas que simbolizam o Equilíbrio. E, assim, começo a mais tradicional das orações dizendo "Lobo nosso, que estais no Céu" ou "Equilíbrio nosso, que estais no Céu". Aquilo que as cartas oferecem expande minha imagem do que ou quem deus pode ser naquele dia!

A oração pode ser enriquecida de centenas de maneiras. Até a forma como arrumamos nosso espaço é uma oportunidade para a criatividade. Acender velas ou um incenso é um jeito simples de criar uma ambientação. Ou então, como eu, você pode enrolar uma manta em volta dos ombros ao iniciar o momento de prece. Lógico, xales de oração são usados no mundo todo, e por um bom motivo. Eles personificam o abraço do divino. Sempre que me cubro com minha manta roxa de lã, um presente de minha amiga peregrina Caroline, sinto calidez, calma e conforto, como se eu pudesse me esconder dentro dela e ser encorajado por ela ao mesmo tempo. Não há coisa alguma na manta em si. No entanto, assim como ocorre com um texto sagrado, ela se torna imbuída de significado e memória se eu retornar a ela e usá-la sempre. Há quem beije um diário pessoal como se beija o rolo de Torá ou levante a caneta e diga "Permita que eu me expresse com verdade e amor" antes de começar a escrever. Seja qual for seu costume, se ajudá-lo a se concentrar nesse momento de reflexão, então ele é valioso e digno de ritualização.

Se, depois de tudo isso, a oração ainda parecer uma impossibilidade, estranha ou religiosa demais, comece falando consigo mesmo.

CONEXÃO COM A TRANSCENDÊNCIA 185

Use essas quatro etapas como incentivos para falar sobre a vida, sobre o que fez e o que não conseguiu fazer. Fale sobre quem você é, quem quer se tornar e quem são as pessoas que ama (e as que não ama também). Fale sobre o que é mais importante, mesmo se — e especialmente se — souber que ninguém mais está ouvindo. Porque, a menos que sejamos honestos, a menos que falemos a verdade, esquecemos aquilo a que queremos ser leais.

Temos tudo de que precisamos para começar a incorporar essa prática à nossa vida ou a enriquecer rituais existentes: os hábitos diários aos quais podemos acrescentar algumas palavras. O que podemos dizer a nós mesmos ao passar nosso hidratante matinal ou entrar no carro? Esses são os micromomentos em que podemos voltar para o nosso coração e nos agarrar nele. O notável teólogo jesuíta Walter Burghardt definiu a oração contemplativa como um "olhar longo e amoroso para o real". Quando podemos estar presentes para a realidade, quando podemos falar sob a forma de discurso primordial, nos tornamos mais plenamente nós mesmos. Isso tem um valor supremo para o mundo! Podermos levar as versões mais plenas de nossa vida é um presente e tanto para os que nos rodeiam. As decisões que tomamos, a maneira como gastamos nosso tempo e dinheiro, o modo como nos envolvemos na política — tudo é enriquecido quando podemos olhar longa e amorosamente para o real.

Se escrever em um diário não o empolgar, você pode dançar ou cantar suas orações, ou até assá-las ou pintá-las. Despeje todo seu amor na massa ou pegue um pedaço de carvão e um papel e dê forma à raiva e à tristeza que sente. O importante é usar essas práticas corporificadas para se conectar com a verdade acontecendo dentro de si mesmo. Comece uma lista de pessoas que você ama e quer guardar no coração. Faça anotações no diário de gratidão e crie Páginas Matinais. Registre coisas novas que acontecem em sua vida. Reconheça os fardos que carrega, as forças que não pode controlar. Pergunte-se sobre o que lhe dá medo. Em relação ao que se sente paralisado, alegre ou com uma centelha de curiosidade.

Lembre-se: não é preciso comprar nada novo ou mudar a forma como está preenchendo seu diário. Apenas observe: você costuma se sentar em uma cadeira específica? Ou preparar um chá antes de começar? Há uma almofada ou colcha em que descansa o braço de escrever? Você pode tornar tudo isso sagrado ao dar bênçãos a essas coisas ou beijá-las. Pense na organizadora de lares Marie Kondo, que revelou a espiritualidade na arrumação: segure o item perto do peito, feche os olhos e agradeça de coração. Todo momento pode ser um instante de conexão sagrada, uma oportunidade para uma oração furtiva.

CAPÍTULO 5

Já conectados

ESPERO QUE ESTE livro tenha ajudado você a enxergar duas coisas. A primeira é que já existe uma série de rituais que podemos chamar de práticas espirituais — mesmo que você nunca tenha pensado em usar essa expressão. Ler, caminhar, comer, descansar, refletir são todos hábitos legítimos, dignos de sua atenção e cuidado e que podem ser a base de uma vida de conexão profunda. A segunda coisa é que espero que você se sinta fortalecido para traduzir tradições antigas, enriquecendo essas práticas modernas, e sinta que tem permissão para ser criativo ao combinar o antigo e o emergente.*

Vivemos uma era em que muitos de nós fomos forçados a ultrapassar os próprios limites para trabalhar mais, ter um desempenho melhor, ganhar mais, fazer mais e ser mais; em que estamos mais

---

* Devo essa expressão a Alan Webb, a Sarah Bradley e ao projeto Alt*Div.

medicados e depressivos, mais ansiosos e solitários do que jamais estivemos. Enquanto as gerações mais jovens estão se afundando em dívidas, as mais velhas têm dificuldade de se aposentar quando querem, e vivemos em meio às maiores desigualdades econômicas da história dos Estados Unidos e sob o peso esmagador da supremacia branca. Ao mesmo tempo, a velocidade vertiginosa de mudança introduzida pela internet e pelo capitalismo de consumo está alterando toda a paisagem espiritual e comunitária. Quase todo mundo que conheço se sente aquém de algum padrão predefinido que está completamente fora de alcance, de forma que nosso estado quase constante de sentir que não somos o suficiente frustra nosso aproveitamento de momentos que poderiam — e deveriam — ser significativos. Essas desigualdades estruturais literalmente roubam nossa alegria.

Isso não vai durar. Não pode. Cada vez mais pessoas estão se dando conta da armadilha à qual fomos conduzidos. Estão desativando a conta no Facebook, criando soluções para direcionar o próprio aprendizado e mudando as estruturas da propriedade de imóveis para viver de forma cooperativa. Em meio a essas transformações capazes de definir uma era, as velhas respostas, os rituais antiquados e as estruturas obsoletas que antes nos ajudavam a encontrar significado e conexão não encontram mais eco em nossa experiência de vida.

Em meio a isso, muitos de nós estamos desmembrando e recombinando nossa vida espiritual e recriando práticas que nos ajudam a estabelecer conexões com nós mesmos, com os outros, com a natureza e com o transcendental. Nem sempre é fácil. Contudo, herdamos tradições maravilhosas de nossos ancestrais espirituais, de forma que aquilo que lemos, com quem comemos, como viajamos e quando reservamos tempo para refletir têm o potencial de se transformar em um momento sagrado de conexão — assim como passear com o cachorro, nadar, tomar banho, dirigir até o trabalho e preparar o jantar. Embora possamos inventar histórias, estruturas e costumes inéditos para seguir, existem ricas camadas de significado a ser descobertas quando retornamos a tradições e as reimaginamos para nossos contextos. Tomando como base as práticas com as quais fomos criados ou que nos foram ensinadas, temos permissão para reivindicar que nossa personificação delas é genuína, honrada e digna.

Uma Regra de Vida

O que fazer depois de identificarmos maneiras de aprofundar nossa conexão com cada uma das quatro camadas? Como podemos uni-las — mesmo que estejamos usando fontes e inspirações diferentes em nossa vida? O crescimento espiritual não depende de fazer *mais* do que a alma provavelmente já está fazendo, e sim de fazer as mesmas coisas de forma planejada, em vez de confusa. Então, tenho uma ferramenta final para compartilhar, algo que tenho visto as pessoas recriarem, sem saber, de diversas formas (Cartas de Reflexão, planilhas de Gretchen Rubin, os livros da coleção *The School of Life* escritos por Alain de Botton, o Manual do Monge, uma lista de tarefas que um amigo mantém na parede do quarto para acompanhar práticas e compromissos). É a prática monástica de uma Regra de Vida.

Uma Regra de Vida é uma forma de centrar nosso compromisso com um modo de ser e com os rituais e as práticas que nos ajudam a levar a vida dessa maneira. Praticada por comunidades monásticas desde os séculos III e IV, essa é uma maneira de manter um ritmo constante na vida. A palavra "regra" tem pouco a ver com comportamentos permitidos ou proibidos; em vez disso, ela se baseia no significado do termo em latim que lhe deu origem, *regula*, isto é, regular ou orientar. Então, você pode pensar nisso como um Padrão de Vida, se lhe parecer melhor. Na tradição judaica, o movimento musar tem um foco semelhante: oferecer uma estrutura que nos ajude a nos tornar as pessoas que queremos ser.

A ideia é criar um ritmo de vida que nos mantenha centrados ao longo dos dias. Essa é uma prática corriqueira em comunidades, e hoje cada vez mais pessoas estão elaborando as próprias Regras de Vida individuais, embora possamos adotá-las em pares ou em grandes grupos. Em suas melhores versões, as Regras de Vida nos oferecem uma forma de unirmos nossos valores e intenções às práticas que nos ajudam a viver de acordo com eles. Em outras palavras, a soma dos rituais que exploramos ao longo deste livro desemboca em algo — bem, em alguém —, e uma Regra de Vida nos ajuda a estruturar esse processo.

Tradicionalmente, uma Regra de Vida comunitária pode incluir mais de trinta princípios ou práticas diferentes. Juntos, todos esses pequenos preceitos formam a Regra de Vida completa. Essas normas individuais podem abranger como os monges oram, comem, trabalham e moram juntos, por exemplo. Toda manhã, as comunidades monásticas se reuniam e liam em voz alta um preceito do texto compartilhado que compõe a Regra de Vida. Assim, completavam a leitura da Regra de Vida inteira em cerca de um mês. O ato de ler em conjunto e em voz alta plantava a semente da concentração naquela norma específica ao longo do dia. Por exemplo, o 48º preceito da Regra de São Bento começa assim: "A ociosidade é inimiga da alma; por isso, em certas horas os irmãos [monges] devem ocupar-se com o trabalho manual, e em outras horas com a leitura espiritual." Existem centenas de comunidades com diferentes regras. A Regra de São Bento é a mais famosa, mas há muitas outras — as regras de São Francisco e de Santa Clara, por exemplo, ou as diversas regras mais novas escritas ao longo dos séculos posteriores desde esses líderes espirituais pioneiros. Muitas vezes, esses conjuntos de preceitos articulam um valor e, em seguida, ilustram como ele pode ser vivido.

Elaborar a própria Regra de Vida demandará tempo e reflexão, mas é factível. Em primeiro lugar, pense em uma série de virtudes ou intenções de acordo com as quais deseja viver. Tanto faz se forem muitas ou poucas, três ou trinta. Quando montei minha Regra de Vida, escolhi escrever um preceito para cada uma das quatro conexões apresentadas neste livro — com meu eu interior, com os outros, com o mundo natural e com o transcendental.

Então, para cada tópico, faça algumas anotações e comece a rascunhar algumas linhas, preenchendo até meia página. Para começar, você pode recorrer ao livro *Note to Self: Creating Your Guide to a More Spiritual Life*, de Charles LaFond, ou ao pequeno livro de exercícios *Living Intentionally: A Workbook for Creating a Personal Rule of Life*, do irmão David Vryhof.

Comecei escrevendo uma regra para me ajudar a me conectar comigo mesmo. Como tenho tendência a trabalhar demais e a fugir para a caixa de entrada de meu e-mail em momentos difíceis (porque pelo menos estou lidando com algo em que posso ter sucesso tangível!), sei que o descanso e o tempo longe do trabalho são vitais para meu bem-estar. Comecei a reservar um dia para ficar longe de qualquer tecnologia em 2014 — meu hábito mais importante de disciplina espiritual. No entanto, tendo a relaxar essa prática quando estou viajando, quando de repente tenho uma entrega importante com um prazo curto ou quando está passando um jogo de futebol decisivo do Leeds United. Preciso de um guia, algo que me lembre do motivo para ter começado a prática e por que ela é valorosa para mim, algo que me leve sempre de volta ao que sei que, no fundo, mais importa. Assim, tentei pôr isso tudo em palavras.

O descanso é necessário.

Sem ele, as coisas prazerosas se tornam tarefas. Esqueço as prioridades e caio em padrões de comportamento destrutivos. O descanso é uma responsabilidade — para com o trabalho que me é caro e as pessoas que buscam liderança em mim.

Vou ter vontade de verificar mais um e-mail. Riscar mais uma tarefa da lista.

Se uma incursão inevitável aparecer no sabá — um casamento, um funeral ou outro momento significativo da vida —, agendarei um dia alternativo de descanso.

Não viajarei em dia de repouso. Ficarei em casa ou em um lugar tranquilo nas noites de sexta-feira.

Saberei que estou honrando esta Regra quando recusar oportunidades agradáveis ou até lucrativas para guardar meu sabá.

Desligarei meu telefone e meu laptop ao anoitecer da sexta-feira e não voltarei a ligá-los até o pôr do sol de sábado. Este é um ritmo sagrado, para reingressar no padrão regular de nosso planeta vivo.

Guardar o sábado não é um luxo. É um direito. Quem sou eu para recusá-lo?

O sabá incuba e desencadeia minhas ideias mais criativas e é o berço de belos projetos e desejos, não porque os forço, mas porque sou capaz de recebê-los.

JÁ CONECTADOS

No tempo de repouso, posso abandonar minha natureza avassaladora e desfrutar cada respiro. Canto. Desenho. Escrevo. Durmo. Ando. Como. Falo. Escuto. Fico em silêncio. Reflito. Acendo uma vela.

As tentações só aumentarão se eu começar a cometer deslizes. Então, com certeza, entrarei em crise e começarei a me exaurir. O sabá está aqui para ajudar.

É óbvio que, várias vezes, falho em guardar meu dia de repouso. Se fosse fácil, não precisaríamos de uma regra! Reler as palavras acima, porém, com certa frequência me ajuda a me conectar com a força da minha intenção. Elas me lembram da sensação de viver de acordo com meus compromissos, de ter tempo para cantar para mim mesmo, para olhar pela janela e deixar novas ideias surgirem ou para pensar em pessoas que gostariam que eu entrasse em contato. Se eu for capaz de atravessar com graça os obstáculos inesperados da vida, pode apostar que tenho cumprido meu dia sem tecnologia. Quando estou rabugento e cansado, ressentido e isolado, é provável que esteja trabalhando demais e não cumprindo a prática.

Pode ser útil pensar em seguir uma regra por um período determinado. Você pode começar determinando um intervalo de um mês ou de uma estação do ano específica. Se estiver se sentindo confiante, pode assumir o compromisso de cumpri-la por um ano. Contudo, não espere mudanças enormes em intervalos relativamente curtos. Como o rabino Simcha Zissel Ziv, o ancião de Kelm, nos lembra no livro *Everyday Holiness* [O sagrado todos os dias], de Alan Morinis, a transformação do coração humano é "o trabalho de uma vida inteira, e é por isso que você recebeu uma vida inteira para executá-lo".

Quando começar a escrever, peça a alguém que revise o texto antes de se comprometer a cumprir as intenções que você estabeleceu. Costumo mostrar minha regra a uma pessoa sábia em quem confio, pelo menos, para me dizer se algo que escrevi a preocupa. Essa prática o ajudará a não cair na armadilha da vergonha, quando você se repreende por não corresponder às próprias expectativas. Conectar-se a alguém que tem experiência em acompanhar indivíduos que estão aprofundando práticas espirituais, como um diretor espiritual ou um ancião, pode ser um jeito maravilhoso de encontrar apoio.

Lendo este livro, você pensou em hábitos que já tem ou imaginou formas de integrar saberes ancestrais ao cotidiano. Uma Regra de Vida pode ajudá-lo a unir tudo isso. Em uma era de desconexão, ela pode ser sua mochila de conexão. Pode refletir para você as palavras que abrem seu coração e elevam seu espírito, lembrando-o de sua conexão inerente consigo mesmo, com a natureza e com o grande mistério de estar vivo.

UMA PRÁTICA NÃO É UMA PRÁTICA SEM COMPROMETIMENTO

Neste ponto, não podemos mais escapar da realidade frustrante de que, para aprofundar um hábito — seja dar uma pausa na tecnologia, seja compartilhar uma refeição —, precisamos nos comprometer com certo rigor. Uma prática espiritual deve ser mais parecida com uma ida à academia do que com uma ida ao shopping ou a um spa luxuoso. A eficácia de uma prática — seja basquete, seja poesia — em nos conectar com o que mais importa depende de nossa constância. Infelizmente, isso significa que praticar apenas quando temos vontade não tem serventia alguma, porque os momentos em que menos queremos nos sentar na almo-

JÁ CONECTADOS

fada de meditação ou pegar uma caneta são aqueles em que mais precisamos! O Dalai Lama explicou isso de uma forma que ficou famosa: embora costume meditar uma hora por dia, ele se certifica de meditar duas em um dia agitado.

Sem dúvida, isso é difícil. Sou conhecido em minha família por começar coisas sem terminá-las. No entanto, os resultados da disciplina espiritual levam um tempo. Não há cerimônias de entrega de medalhas ou turmas especiais para os que se destacam. Na verdade, as pessoas mais maduras espiritualmente que conheci são as menos célebres.

Na preparação para o sucesso, descobri que assumir um compromisso por um período limitado é um bom primeiro passo. Saber que me comprometi por oito semanas, ou sete dias, ou vinte minutos me ajuda a atravessar os momentos mais difíceis da prática. Como um iniciante espiritual, isso me ajudou a ler o que Gretchen Rubin explica no livro *Projeto Felicidade*: de todos os truques que ela já tentou para levar uma vida mais feliz, pregar uma lista de compromissos diários na parede e marcá-los à medida que os completava foi o mais poderoso. Não há vergonha alguma nisso. Noviços — novos monges ou freiras — realizam esse tipo de disciplina e acompanhamento de dados ao entrar em um mosteiro ou convento. É simplesmente o jeito de começar.

Em tempos difíceis, quando estamos tentando manter uma prática — meditar, por exemplo, ou tentar enviar ondas de amor e compaixão a um estranho no ônibus toda manhã —, pensar nela como uma velha amiga pode ajudar. Às vezes, as horas que passamos com ela são estimulantes e inspiradoras. Nós nos sentimos compreendidos, protegidos e vistos. Entretanto, em outros momentos, passar um tempo com ela pode ser um pouco tedioso. Talvez estejamos cansados. Ou nosso dia tenha sido ruim. Uma verdadeira velha amiga seguirá do nosso lado mesmo nos períodos de morosidade, em que nossa conexão não parece enriquecedora nem produtiva. No entanto, por ela se preocupar conosco — e vice-versa —, e como sabemos que haverá um momento no futuro em que o encanto do acompanhamento contínuo ao longo da vida suplantará os tempos de escassez, seguimos comprometidos com a amizade.

Explorar novos rituais e criar tradições pode ser um exercício divertido e criativo, mas, no fim das contas, são as práticas mais antigas e repetidas que contêm mais significado. Em um mundo onde somos tratados constantemente como consumidores em vez de cidadãos, em que apenas somos convidados para nos envolver com o mundo por meio do consumo, devemos suspeitar de sempre correr atrás da última tendência. Em vez de agir como turistas espirituais, tomando apenas a espuma divertida na superfície, bebamos mais profundamente e nos deliciemos com os verdadeiros encantos nutritivos escondidos sob ela. Como em um drinque, o melhor fica no fundo do copo!

Isso não significa que não possamos ter experiências belas e transcendentes em dose única! Esses momentos são preciosos, mas não compõem uma prática; ela precisa ser repetida ao longo do tempo. Muitas vezes, quando começamos algo novo, vivenciamos as alegrias da novidade. Talvez tenhamos sorte de iniciante ou gostemos de contar aos outros sobre algo que estejamos experimentando. De qualquer forma, não se surpreenda quando, em algum ponto, a prática começar a perder o brilho inicial. Repetir uma atividade indefinidamente requer disciplina, em especial quando as coisas ficam difíceis, quando estamos cansados ou quando não temos vontade. Então, aguente firme. Afinal, nos tornamos o que praticamos.

À medida que chegamos a mais de duzentos episódios de *Harry Potter and the Sacred Text*, fiquei surpreso com o simples prazer de persistir em algo por tanto tempo! Mesmo voltando à mesma história, com os mesmos personagens e com as mesmas práticas toda semana, ainda há descobertas a ser feitas. Muitos ouvintes nos escreveram dizendo que nunca pensaram que haveria pontos de vista sobre o mundo bruxo que ainda não tinham descoberto ou debatido após reler os livros diversas vezes e participar de incontáveis discussões no Tumblr. No entanto, por nossa vida em constante mudança seguir encontrando eco nos livros, há sempre novas ideias a revelar. Certas palavras ou expressões que estudamos com afinco agora têm um significado profundo. Relê-las me lembra de minha amizade com Vanessa em momentos específicos, trazendo memórias de quem eu era e conectando-as com quem me tornei. Portanto, independentemente de quais sejam suas práticas de conexão, se encontrar algo que faça sentido para você, prossiga. É o caminho mais seguro.

Tensões, ambiguidades e mistérios

De muitas formas, nosso entendimento de "religião" ao longo dos últimos séculos é uma anomalia. Uma vez que o Ocidente foi profundamente marcado por uma compreensão do cristianismo protestante, presumimos que a religião se resume a nossas crenças. Sem dúvida, elas fazem parte, mas uma grande porção do restante do mundo — e com certeza uma grande parcela da história — aponta para um jeito diferente de pensar a religião: que ela tem a ver com o que praticamos.

A classicista Sally Humphreys escreveu extensivamente sobre a religião na Grécia Antiga, por exemplo, e argumenta que os gregos não consideravam que tinham uma religião em si. Eles honravam deuses específicos no monte Olimpo, mas também ninfas dos rios e ideias abstratas como Sabedoria e Vitória. Evocavam esses grandes poderes por meio de diversas práticas, entre elas sacrifícios de sangue, ofertas de libações e consultas a oráculos. Amaldiçoavam, abençoavam e oravam uns pelos outros. Quando a guerra ou o comércio estabelecia relações entre os gregos e outras nações ou culturas, eles simplesmente incluíam os novos deuses no próprio mundo sagrado. Em *The Oxford Handbook of Ancient Greek Religion*, Ralph Anderson explica que os deuses honrados pelos gregos vinham da Trácia, do Egito, da Síria e da Frígia, entre outros. Essa expansão de divindades não era entendida como um quadro celestial unificado. Simplesmente não havia o que os estudiosos chamam de teologia sistemática: uma base lógica completa de como tudo se encaixa.

E, para ser sincero, acho que é assim que a maioria das pessoas, religiosas ou não, de fato leva a vida. Muitos de nós somos compostos por uma mistura de pressupostos culturais, tradições da infância, experiências de pico, temores e vergonhas profundos, esperanças e desejos secretos, intuições inexplicáveis e ideias radicalmente maravilhosas. Podemos ter uma opinião de manhã e outra à tarde. E quem sabe no que acreditamos às três da manhã, quando recebemos um telefonema inesperado do hospital? Assim como os gregos antigos, não temos respostas completas sobre o motivo para aderirmos a certas práticas. Entre em qualquer congregação e pergunte aos membros por que eles realizam um ritual compartilhado. Você receberá uma resposta diferente de cada indivíduo. Talvez até mais de uma. A espiritualidade e a religião sempre lidam com tensões, ambiguidades e mistérios. Até certo ponto, é para isso que elas existem.

Em seu treinamento para o ministério, minha professora Stephanie Paulsell sugeriu a seu mentor que não estava pronta para celebrar a Eucaristia, o ritual mais importante do cristianismo. "Ainda não sei ao certo o que significa", explicou. O mentor sorriu e respondeu: "Stephanie, não comemos o pão e tomamos o vinho porque sabemos o que significa. Fazemos isso porque estamos aprendendo o que significa." No fundo, rituais como a Eucaristia nos ajudam a viver em um grande paradoxo, o qual esteve presente ao longo de todo este livro, mas que ainda não nomeamos. Agora é a hora.

Construindo, cultivando e lembrando

À medida que vivenciamos nosso anseio ao estabelecer intenções e realizar práticas de conexão profunda, pode começar a parecer que temos mais um item na lista de afazeres. Até as expressões que usamos parecem apoiar essa ideia. Por exemplo, falamos com frequência em "formar comunidades" e "fazer conexões". Parece trabalhoso, e faz certo sentido pensar assim. É preciso muito esforço para criar as condições em que nos sentimos conectados — ainda mais hoje, quando muitos de nós nos sentimos isolados uns dos outros e do mundo ao redor. Formar comunidades e estabelecer conexões são expressões que sugerem a necessidade de trabalho pesado, habilidades especializadas e ferramentas de planejamento. No entanto, nutrir um estilo de vida que reconhece a alma, abre espaço para a conexão e cura o isolamento pode ser reformulado, fazendo com que tenha mais a ver com crescimento orgânico do que com trabalho.

O PODER DO RITUAL

Deparei-me com esse conceito no contexto de "cultivar comunidades", uma expressão que aprendi com minha colega Angie Thurston quando começamos nossa pesquisa para "How We Gather". Sabemos que relacionamentos de todos os tipos interagem mais como ecossistemas naturais do que como máquinas. Portanto, é útil examinar metáforas baseadas na natureza para entender como a conexão humana se aprofunda. Esse conceito, porém, vai além de cultivar comunidades, aplicando-se a todos os quatro níveis de conexão apresentados neste livro. Não fabricamos conexões. Elas crescem com o tempo, como árvores. Embora tenhamos tentado mecanizar os processos de refletir e conhecer pessoas com uma miríade de aplicativos — pense nos apps de relacionamentos e de meditação, cheios de incentivos e recompensas —, eles quase sempre parecem forçados, fora de lugar. As formas como nos conectamos com nós mesmos, uns com os outros, com o mundo à nossa volta e com o divino passa por estações, assim como o ritmo da terra. Às vezes, sentimos um entorpecimento sombrio a respeito de nossa capacidade de conexão. Ou parece que estamos gastando muito tempo plantando sementes, mas que estamos colhendo poucos frutos. Outras vezes, somos surpreendidos pelo tanto de amor e alegria que experimentamos, como um pomar repleto de frutas características do verão. Assim como a terra, plantamos, colhemos e temos períodos de pousio de vez em quando.

Contudo, a maneira como John O'Donohue nos convida a pensar sobre a conexão é ainda mais impressionante que a metáfora do cultivo. Em uma conversa com a professora budista Sharon Salzberg gravada em 1998, ele explicou: "Não acredito em nada dessa baboseira sobre como criar comunidades. Acho que toda a ideia de tentar construir comunidades é um equívoco. Acredito que a comunidade *é*. Ela existe ontologicamente. Então, a ideia é mais sobre como despertá-la." Para O'Donohue, a conexão é lembrada, ou revelada, porque já estamos "perigosamente envolvidos um com o outro de uma forma íntima, mas invisível". É isso que ser humano significa. A conexão simplesmente é. Somos todos conectados a todas as coisas.

Essa verdade essencial está presente em todo o trabalho de "How We Gather". Se aquela pesquisa provou alguma coisa, é que a conexão não está ultrapassada ou perdida; ela está ocorrendo à nossa volta e entre nós. Muitos dos líderes mais eficazes que conhecemos por meio de nossa pesquisa tinham sido criados em comunidades vibrantes. Vários eram filhos de pastores, rabinos e diretores de colônias de férias. A experiência de estar em comunidade passara a fazer parte deles. E haviam criado as próprias expressões contemporâneas de comunidade ao se lembrar da sensação de se estar profundamente conectado.

Para O'Donohue, a conexão é o despertar do amor em nossa vida. "Na noite do seu coração, ela é como o amanhecer dentro de você. Onde antes havia anonimato, agora existe intimidade; onde antes havia medo, agora existe coragem", escreve ele no clássico *Anam Cara*. Todos nós precisamos ser lembrados — algumas várias vezes ao dia — de que somos inerentemente dignos desses vínculos profundos e sagrados e que, não importa o que fizermos, somos intrinsecamente conectados.

Contudo, há dias (às vezes semanas ou meses) em que isso não parece ser verdade. Nesses momentos, só conseguimos sentir nossa solidão. Nós nos sentimos distantes não apenas das pessoas, mas também de nós mesmos, ou então sentimos a ausência do significado e do propósito maiores que tínhamos antes. Como escreveu o teólogo Paul Tillich: "Existência é separação!"

E aqui está o segredo paradoxal: a conexão e o isolamento estão ligados um ao outro.

Tenho certeza de que, sem minha experiência como um adolescente solitário e enrustido em um colégio interno, não seria tão apaixonado pela ideia de conexão profunda como sou hoje. Simplesmente não podemos conhecer a conexão sem também experimentar a desconexão. Não há coisa alguma errada com você quando sente um grande vazio. Nada que precise mudar. Nada a consertar. Entretanto, há algo a ser feito.

Lembrar.

Lembre-se de que tanto o grande vazio quanto a conexão eterna são verdadeiros. Tanto a sensação de solidão completa quanto o amor interdependente. Eis o paradoxo em que vivemos. E todas as práticas, histórias e estratégias que exploramos neste livro existem apenas para ajudar você, em momentos de alegria e tristeza, abundância e escassez, a lembrar.

AGRADECIMENTOS

Tenho certeza de que, sem as dezenas de milhares de ouvintes dedicados de *Harry Potter and the Sacred Text*, este livro não teria sido publicado. Obrigado a cada pessoa que sintoniza, recebendo Vanessa, Ariana e a mim com a própria vida toda semana! Prometo que farei um bolo antes de terminarmos *Harry Potter e as Relíquias da Morte...*

Quanto às minhas parceiras de travessuras, muito obrigado a Ariana Nedelman pelas incontáveis horas de edição e por, de vez em quando, rir das minhas piadas bobas. E agradeço eternamente a Vanessa Zoltan por criar comigo algo mágico — mesmo quando parecíamos ridículos para o mundo todo. Mais que isso, obrigado por ser uma amiga incrivelmente boa.

Obrigado a minha agente literária, Lisa DiMona. Espero que tenhamos muitos outros almoços parisienses! Obrigado também a Lauren Carsley e a equipe da Writers House pelo apoio.

Muito obrigado a minha editora na HarperOne, Anna Paustenbach. Sua edição aguda e cuidadosa trouxe uma nitidez e um impacto muito além da minha capacidade! Obrigado também por sua gentileza durante todo o processo. Nunca vou esquecer seu bilhete hilariante em resposta a meu primeiro rascunho "vomitado"...

Obrigado também a toda a equipe da HarperOne, em especial a Mary Grangeia, Mickey Maudlin, Laina Adler, Judith Curr, Melinda Mullin, Julia Kent, Kathryn Hamilton, Gideon Weil, Aidan Mahony e todos que ajudaram a dar vida a este livro.

Uma profunda reverência de agradecimento a Dacher Keltner pela generosidade em escrever o Prefácio e pelas décadas de pesquisa investidas compilando as evidências científicas relacionadas a muitas das práticas que descrevo neste livro. Poucas pessoas casam ciência e alma com tamanha habilidade, e Dacher é a prova viva da beleza que esse casamento cria!

Aos irmãos da Sociedade de São João Evangelista, obrigado pela hospitalidade e generosidade durante minhas muitas visitas à beleza tranquila da Emery House para escrever.

Obrigado a toda a equipe do Instituto Fetzer, especialmente a Michelle Scheidt e Bob Boisture, por apoiarem meu trabalho nos últimos quatro anos. Michelle, obrigado pela amizade, pela paixão e por nos mostrar onde encontrar o melhor café da manhã de Kalamazoo!

Sem seis anos maravilhosos na Harvard Divinity School, eu nunca teria conhecido a maioria das práticas descritas neste livro. Sou eternamente grato a Dudley Rose pela capacidade de encontrar maneiras de fazer a mágica acontecer, a Matthew Potts pelo rigor e pela imaginação, a Mark Jordan pelo exemplo e comentários generosos, a David Hempton por dizer sim e a todos os meus colegas e professores que mostraram tanta generosidade em me ensinar. Um agradecimento especial a dois luminares que aprofundaram e inspiraram para sempre minha vida espiritual e intelectual. Em primeiro lugar, a Kerry Maloney. Obrigado por me ouvir falar e

AGRADECIMENTOS 205

sempre, sempre oferecer uma Palavra. Continuo descobrindo quanto aprendi com você sem que jamais tenha sido formalmente meu professor. E, óbvio, a Stephanie Paulsell. Obrigado por me mostrar como traduzir a beleza da tradição e por me dar a confiança para explorar minha vida espiritual com seu braço firme em minhas costas e suas palavras encorajadoras em meu ouvido. Você me concedeu riquezas infinitas!

Um sincero agradecimento a mentores, professores e anciãos, antigos, novos e a distância: Seth Godin, Erik Martínez Resly, Ken Beldon, Burns Stanfield, Nancy Ammerman, Jeff Lee, Gil Rendle, John Dorhauer, Carol Zinn, Neil Hamilton, Sue Mosteller, John O'Donohue, Nadia Bolz-Weber, Richard Holloway, Kai Grünewald, Solitaire Townsend, Brené Brown, Derek van Bever, Richard Parker, Kathleen McTigue, John Green, Richard Rohr, Abraham Joshua Heschel, Henri Nouwen, Parker Palmer e, em especial, a Charlotte Millar, por reabrir a porta para uma vida espiritual ainda lá em Londres.

À medida que vou envelhecendo, aprendo que a vida é sobre as pessoas que conhecemos e as coisas que criamos com elas. Obrigado a cada um destes companheiros de viagem e cocriadores pela amizade ao longo do caminho: Hilary Allen, Caroline Howe, Jonathan Krones, Ariel Friedman, Jamie Henn, Morissa Sobelson Henn, Ingrid Warner, Mila Majic, Daniel Vockins, Marisa Egerstrom, Nicholas Hayes, Erika Carlsen, Andrew Bradley, Titiaan Palazzi, Lawrence Barriner II, Adam Horowitz, Lennon Flowers, Alan Webb, Sarah Bradley, Julianne Holt-Lunstad, Jen Bailey, Liliana Maria Percy Ruíz, Yoav Schlesinger, Sid Schwarz, Alex Evans, Aden van Noppen, Lisa Greenwood, Melissa Bartholomew Wood, Elan Babchuk, Sara Luria, Channon Ross, Amichai Lau-Lavie, Priya Parker, Tara-Nicholle Nelson, May Boeve, Michael Poffenberger, Broderick Greer,

Timbo Shriver, Johnny Chatterton, Scott Perlo, Alex Smith, Mike Webb, Barry Finestone, Christian Peele, Julie Rice, Elizabeth Cutler, Danya Shults, Scott Heiferman, Jeff Walker, Vivek Murthy e Jane Shaw, entre muitos outros.

Obrigado também às almas corajosas que leram os primeiros rascunhos do manuscrito e ofereceram comentários perspicazes, gentis e adequadamente desafiadores — em especial a Lawrence Barriner II, Hilary Allen, Andrew Bradley, Hanna Thomas e Olivia Haughton Willis. (Liv, você, em particular, viu coisas em uma página que ninguém deveria ter que ler e, ainda assim, incentivou o projeto, e sou eternamente grato por isso!) Obrigado a Rachel Hills e Jieun Beck por compartilhar informações importantes sobre o processo de publicação de livros, a Maya Dusenbery pela checagem precisa e a Margie Dillenburg, Erica Williams Simon, Jeremy Heimans e Natalya Sverjensky pela estratégia.

Vivi muitas das experiências que moldaram este livro ao lado de minha companheira de trabalho Angie Thurston. Seja discursando para uma sala de bispos metodistas, assistindo a um homem pousar em um campo usando uma mochila a jato, seja viajando por Otherworld, adoro aprender e moldar o mundo com você. Quem pode dizer se mudei para melhor? Eu posso, sem sombra de dúvida! A Angie, e para nossa terceira companheira de trabalho, Sue Phillips, minha gratidão eterna. Qualquer aprofundamento espiritual que este livro possa encorajar se deve inteiramente à amizade e ao exemplo que você me deu. Eu não estaria aqui sem vocês!

Para minha família — Suzanne Hillen, Marc ter Kuile, Laura ter Kuile, Fleur ter Kuile, Rosa ter Kuile: amo vocês! Eles me disseram uma vez que o primeiro livro de qualquer pessoa é sobre a mãe.

AGRADECIMENTOS

E este aqui com certeza não é exceção. A forma como minha mãe me criou e cuidou de toda a nossa família está presente em tudo o que fui capaz de compartilhar aqui. Das longas caminhadas pela floresta Ashdown às canções de VJK ao redor da fogueira, passando pelos jogos de cartas no sábado à noite, você é a verdadeira autora desta história.

E, por fim, obrigado a meu amado marido, Sean Lair. Neste exato momento, você está embebendo casca de laranja e assando um bolo de frutas para nossa festa musical de Natal com traje a rigor no fim de semana que vem. Obrigado por aturar minhas ressacas de vulnerabilidade na escrita, por sempre me incentivar e por ser meu copiloto. Fico tão feliz por estarmos juntos.

Este livro foi composto na tipografia Minion Pro,
em corpo 11/15,5, e impresso em
papel off-white no Sistema Cameron da
Divisão Gráfica da Distribuidora Record.